上海市长宁区非物质文化遗产系列丛书

上海市长宁区积极创建第四批国家公共文化服务体系示范区

都市民俗节庆活动手册

周笑梅◎编著

文匯出版社

图书在版编目（CIP）数据

都市民俗节庆活动手册 / 周笑梅编著. -- 上海：文汇出版社，2020.7

ISBN 978-7-5496-3227-5

Ⅰ. ①都… Ⅱ. ①周… Ⅲ. ①节日－风俗习惯－中国－手册 Ⅳ. ①K892.1-62

中国版本图书馆CIP数据核字（2020）第093157号

都市民俗节庆活动手册

编　　著 / 周笑梅
责任编辑 / 乐渭琦
特约编辑 / 盛颖颖
装帧设计 / 郭欣中

出 版 人 / 周伯军
统　　筹 / 理　应

出版发行 / 文匯出版社
上海市威海路755号
（邮政编码 200041）
经　　销 / 全国新华书店

印刷装订 / 上海新艺印刷有限公司
版　　次 / 2020年7月第1版
印　　次 / 2020年7月第1次印刷
开　　本 / 787×1092　1/16
字　　数 / 200千
印　　张 / 12.5

书　　号 / ISBN 978-7-5496-3227-5
定　　价 / 89.00元

编委会名单

传承节日精神价值，彰显中华人格魅力

《都市民俗节庆活动手册》这本书详尽地记录和介绍了上海市长宁民俗文化中心多年来开展群众性时岁节庆民俗文化活动，在探索实践中形成的可复制、可推广的现代都市社区开展传统节庆活动“模型”，这一经验对面向都市社区推广普及传统节日文化活动、复兴中华传统文化及非物质文化遗产保护实践有引领和示范作用。这本书是对“建筑可阅读、街区可漫步、城市有温度”的一种实践和具体方法指南，以饱含海派文化特征的鲜活实例，通过岁时节庆群众性文化活动方式，向全国和世界展示上海长宁独特的文化品格。

长宁区位于上海市中心城区西部，面积37.19平方公里，常住人口69.37万。20世纪80年代前，长宁区还处于城市与乡村的接合部，在短短不到30年的时间里，长宁区迅速发展，如今拥有世界最先进的虹桥综合交通枢纽、上海国际舞蹈中心、刘海粟美术馆、上生新所等文化地标，成为高度现代化的国际范精品城区。长宁区城市化发展进程是全国改革开放经济腾飞的缩影。

正因为如此，长宁区政府依据本区传统文化底蕴深厚的实际情况，为使长宁成为有底蕴、有质感、有脉搏，传承过去面向未来的人文城区，设立了上海市唯一以推广民俗文化为主题的文化馆——上海市长宁民俗文化中心，该馆同时也承担着区内非物质文化遗产保护中心长宁分中心的工作职能。馆内开展的民间文化类别较为齐全，尤其是坚持探索在都市社区开展群众广泛参与的春节、元宵、上巳、端午、七夕、中秋、腊八等传统节日体验活动。在推广“我们的节日”、以民俗文化内容教化民众、做好精神文明建设的同时，将民间音乐、民间美术、民间舞蹈以及民间手工艺、民间游艺等非物质文化遗产内容巧妙地体现在活动之中。十六年的坚守，使长宁民俗文化中心作为全市唯一的区级非遗传承保护中心，被文化和旅游部评定为全国一级文化馆，承担了上海市青少年传统文化学习基地、海外华人华文教育基地、上海市青年中心等市民教育责任，被纳入上海市政府推荐的第一批文化旅游景点，年均接待中外游客25万人次。

在2020年这个不同寻常的春天编辑出版此书，既是对以文化人的方式抗击新冠病毒的乐观精神的诠释，又是对标创建第四批全国公共文化示范区，按照最高标准、最高水平、最高质量完成各项创建指标，融入打造全球卓越城市和长宁国际精品城区建设，全力打造“现代公共文化服务体系”的现实样本与创新典型，对主动发挥公共文化引领示范效应有着十分重要的意义。

康文华 2020年2月29日

（康文华：中共上海市长宁区委宣传部副部长、长宁区文化和旅游局党委书记）

节庆风尚与民俗空间构建

在中国最现代化都市上海的西郊，有一个群众文化管理部门，它的名字叫“长宁民俗文化中心”。初听起来好像一个民间组织，却是地地道道的官方机构，别的地方都被称作诸如群众文化馆、群众艺术中心等，但这里却保留了一个珍贵的、传统色彩浓厚的名号：民俗——几千年的称谓表述，千百年的文化积淀。当然，这个机构又是一个大上海的文化空间。

我第一次听到这个名字就被迷住了：这真是太难得了，机构用上了这样传统的名字，让人觉得这才是对传统的守望，因为民俗是我们每个民族成员共同的乡愁、共同的文化记忆、共同的风俗与共同的故事。大家能够说到一起，做到一起的是民俗；愿意相互欣赏着、共同讲述着，载歌载舞、一起欢呼，这就是民俗。民俗应该是不分官民的、不分贵贱的。比如过年，达官贵人要过年，穷人也要过年。虽然过法不一样，但最重要的是，大家都要过年。所以最好的、最和谐的文化样式是民俗。管理者坚持的“礼从宜，使从俗”的古老传统，坚持的是“化礼成俗”的社会成规，守卫着民俗这一社会之本，这就太可贵了。

它们的名称是这样的，实践也是这样的。大上海保持乡土文化本色是很难的，但是在长宁民俗文化中心、在长宁民俗文化中心周边，我们还能够感受上海千年的文化传统。那里能听到原汁原味的江南丝竹、沪剧，也可以品尝到海派茶艺，而周边的上海菜更是正宗。那里也是一个文创的展示交流中心，许多作品和产品巧夺天工。那里的香道传承，让人思接千载。在上海出土了五千年前的最早的香炉绝非偶然，缭绕的香烟让人想起五千年的香文化风俗，而民俗是一条不绝的文化长河。那里也是海内外民俗文化的交流展示中心。长宁民俗文化中心于是成了货真价实的民俗空间，也成了国家A级文化馆。

该如何解读长宁民俗文化中心现象呢？长宁民俗文化中心这些年的节庆实践可以说成是民俗空间的构建以及民俗空间的辐射。

民俗最亮丽的表现形式是传统节庆，传统节庆本身很好地诠释了“民俗是生活的华彩乐章”这一基本命题。节庆研究是大学和科研机构的重要工作，但是我们觉得纸上谈兵并不是现代高校的风格。民俗学作为一门学问，那当然就有参与策划组织民俗活动的能力。一方面，民俗学的科学研究应该遵守理论联系实际的基本原则；另一方面，我们培养学生，也该让他们有点基本的生存能力，有点社会服务的技能。所以我们就希望与社会结合，以学校校园弘扬传统节庆文化。高校这个空间，传统意味在哪里？其实很难说上来，铁打的学校，流水的学生，一个学校有特定的文化传统不容易。

2009年的端午节很重要，因为那年是我们开启校园传统节庆活动元年。同学们找到了长宁民俗文化中心的负责人周笑梅书记，希望得到中心老师关于节庆与表演方面的指导，双方一拍即合。端午游园服装华美，仪式宏大而又充满机趣。一声开路锣敲响，身着五颜六色民族服装的师生伴着大头娃娃、荡湖船、狮子、舞龙，挑着黄酒，抬着粽子，还有一面杏黄旗。行街之仪仗队前后几百米长，浩浩荡荡，煞是壮观，这是在高等院校很少见到的阵势。当队伍到达华闵食堂门前广场时，系列表演开始了。师生里三层外三层地把演员围住。食堂门前之地于是成了校园节庆的空间，十多年了，这已然成了华东师范大学的文化记忆。

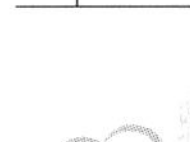

端午游园情景剧《白蛇传》非常吸引人的目光。一位表演法海的研究生连续几届都要争抢这个角色，白娘子和许仙也是大家非常喜欢的角色。端午节与《白蛇传》故事存在交集，但是很少地方的端午活动有这样的表演，这都是长宁民俗文化中心的创作，这么多年逐渐形成了新的端午节都市传统。而端午节主角屈原的扮演者，每年也要进行挑选。演员要朗诵一首屈原诗，或者有一段情景表演，这往往是长宁民俗文化中心和同学们的共同创作。屈原点雄黄这个经典情节，从长宁传到华东师范大学以来，就一直保留着。长宁民俗文化中心与华东师大社发院民俗学学科之间的这种关系，后来经过签约，持续发展。而华东师范大学的传统节日——文化进校园2019年度还被评选为上海市教委践行社会主义核心价值观的示范项目。这实际上是高校与地方文化部门共同弘扬民俗文化、共同传承非遗的一个典型案例。通过节庆，长宁民俗文化中心的文化空间被复制到了华东师范大学校园，这就是民俗空间的复制与生产，也是长宁民俗文化中心文化空间的外向辐射。当然，长宁民俗文化中心更多的是向区内的公共空间辐射，如中山公园，以及区内多个公园，把那里变成了民俗演艺场。当然还有更厉害的辐射，长宁的民间艺术家到美国等地表演，已然是一个面向世界传播的舞台。

最具创造活力的要数“旱龙舟”。长宁民俗文化中心的旱龙舟结构简单，制作成本很低，操作门槛不高，不受场地限制，不需要河流，安全环保，参与性强，欢快指数高，所以一直很受欢迎。旱龙舟保留了端午龙舟的文化记忆，又极大地扩大了民众的参与性。没有创新就没有都市的民俗节庆，长宁民俗文化中心的节日实践，代表了现代节庆发展的方向。一条旱龙舟，随着它的“流动”，就将一个民俗空间带到另外一个空间里去了。

除了端午节，还有春节、元宵节、上巳节、中秋节、腊八节等，长宁民俗文化中心有传承有创新。比如腊八节，这项风俗本来古已有之，后来与佛教相关联，腊八粥成为很多庙里的活动。但是后来腊八粥慢慢地从佛教信仰中分离出来，成为一项内涵丰富的饮食风俗了。在长宁民俗文化中心，起初是每年与当下的文化活动与现实事物结合起来，后来逐渐演变为一项敬老活动、美食活动，并有了一个固定的品牌：“腊月风和·粥香情浓”。在都市中腊八节被赋予了新的内涵，而原来的信仰空间转为娱乐文化空间。长宁民俗文化中心本身通过这项活动为空间赋能，实现了空间的民俗化。各项民俗节庆向长宁民俗文化中心集聚迁移，构建并丰富了民俗空间，创新了节庆，也创新了空间。节庆风尚将民俗中心构建为民俗空间，又将这个民俗空间辐射到其他空间，并使之成为民俗空间。这是当代都市民俗发展的一个突出特点。

人们都说人是最重要的，但是空间同样重要。流水的兵是流动的，铁打的营盘就是一个空间，没有营盘就没有兵。所以也可以说，没有民俗空间就没有民俗活动与民俗个体。长宁民俗文化中心已经是一个海派民俗的铁打的营盘，这个营盘很大程度上是节庆造就的。节庆现在是长宁民俗文化中心称谓的依据所在。反过来，长宁民俗文化中心又孕育了这些节庆，创新了这些节庆。所以，民俗空间与民俗节庆是相辅相成的。

民俗空间是一个载体，有了这样的空间，才有了节庆的华彩生活的上演。

长宁民俗文化中心是华东师范大学民俗学学科研究生的科研与实践基地，作为双方合作的推进者与见证者，我很高兴盼来了本书的编辑出版。该书记载了长宁民俗文化中心都市民俗节庆活动诞生与成长的历程，呈现了十年来在这个灿烂的文化空间里节庆活动结出的硕果。这是大都市城市文化建设、都市文脉传承的一项重要成就，为实践者、研究者提供了丰富的重要的材料。节庆是一种时间性的随风而逝的文化形式，而图像的记载、文字的实录使之成为历史的档案，成为永恒的资源，所以节庆的实践者，书稿的记录者、编撰者都是功不可没的！一座高楼有其生命时间，而一部档案典籍却能够记录一种文化形态而不朽地传播，这就是文化记录者的伟大贡献。

节庆是都市文化之魂，是快乐之源泉、情感之寄托、乡愁之所系。衷心希望民俗文化中心成为海派民俗铁打的营盘，成为不朽的民俗文化空间，成为中外人士感受、欣赏和研究民俗文化的圣地，而作为最具代表性的民俗节庆，在此不断传承创新，世代相传，薪火不绝。

田兆元 2020年3月11日
于海上南园

（田兆元：华东师范大学非物质文化遗产传承与应用研究中心主任）

目录

第一章 绪论

绪论

中华民族传统民俗节日是悠远漫长农耕文明的产物，节日的巨大魔力影响了中华民族的繁衍生息。但在如今灯红酒绿、霓虹闪耀、崇尚时髦的现代大都市中，又该如何继承和发展，成为今天我们文化馆人面临的重要问题之一。

现代化国际大都市上海还要不要接续农耕时代的“香火”？答案是肯定的。但究竟要如何接续和传播呢？

长宁民俗文化中心在2004年刚刚开始探索这项活动时，着实经历了一番犹豫和思考。2005年全国民间艺术家协会率先发出保护“民族、民间、民俗”文化的号召，2006年国务院原文化部发出“保护非物质文化遗产”的号召，尤其是2007年底国务院同时公布了《国务院关于修改〈全国年节及纪念日放假办法〉的决定》（以下简称《决定》）和《职工带薪年休假条例》，《决定》把清明、端午、中秋纳入国家法定节假日。紧接着，在大力开展传统民俗节庆活动时，如何在国际化大都市时尚的社区开展传统的节庆活动，让都市里的年轻人乐在其中、乐于参与又成了新的问题。为此，长宁民俗文化中心职工从2004年起，没有在春节、元宵、端午、中秋、腊八等传统节日里休过假，从一点一滴做起，想办法、搞创新，让旧传统适应时代的新发展。

我们在都市社区调研走访中发现，很多人都在抱怨节日的味道越来越淡，更有

让中华民族悠远的民俗文化浸润当代社区
让传统文明成果渗透进老百姓的日常生活
让忙碌的现代人感受中华文化
领略传统节俗内涵
拉近旧俗与新人的距离

很多的年轻人觉得传统节日没意思，除了吃就是吃，没意义。的确如此！不知从何时起，春节变成了年夜饭，端午变成了粽子节，中秋变成了月饼节，这些“吃”的节日只会让从小不缺吃喝、时刻高喊减肥的年轻人远离传统，讨厌中式节日。而注重突出简洁明了节日主题的西方节日则逐步占据了年轻人的生活，再加上商业经济手段在西方节日文化中的渲染鼓动，使得传统节日的推广越来越难。而这种现象在现代化大都市中更为明显。这并不是年轻的都市人的错，而是我们太久没有注意传承传统节日的人文内涵了，这无疑是给中华传统文化的传承敲响了警钟。

在长宁民俗文化中心工作开展的过程中我们还发现，“三民”文化的内容包罗万象，各民族各地域又各有特点。虽然我们可以确定是以江南民间民俗文化为地域特点，但是江南民间手工艺、民间舞蹈、民间美术、生活风俗等内容丰富多彩。如何让这些五花八门、包罗万象的老旧传统和生活百态在现代化大都市社区生活中再现风采，是摆在我们长宁民俗文化中心面前的一道坎。不仅如此，现代化都市大量人口的聚集还使都市社区逐渐变成了“陌生人的世界”，由此带来新的社会问题。助推共同居住的邻里社区在新型的社会交往中，形成共同的文化认同、完成道德重建与互助共伴，无疑是长宁民俗文化中心举办共同认可的传统节庆活动的一个重要出发点。

凭借对长宁当地民俗民风的了解和长期开展群众文化工作的经验，长宁民俗文化中心以“都市民俗节庆系列活动”作为自己的特色阵地文化品牌，以“江南传统节庆风俗”为媒介，串联起手工艺、舞蹈、美术、音乐等民间艺术形式。经过不懈的努力和深化，这个品牌活动的宗旨确立为让中华民族悠远的民俗文化浸润当代社区，让传统文明成果渗透进老百姓的日常生活。通过在现代都市社区演绎传承都市传统节庆活动，让忙碌的现代人感受中华文化，领略传统节俗内涵，拉近旧俗与新人的距离。

在都市社区举行传统节庆活动，也呈现出了一个个能够实现社区整合以便凝心聚力的真实案例，对于全国各地甚至世界各地聚居在一起的人群来说，共同的节日活动，不仅仅是相互交往的过程、方式与手段，更可形成现实生活中的一种常态。鉴于此，我们需要在现代都市社区呈现出更多真实、有深刻内涵、有吸引力的节日活动的可操作案例，并尽可能挖掘出那些隐藏在节日背后的文化内涵和传统意义，以这种最接地气的方式，帮助我们在建设社会主义和谐社会的今天，通过“我们的节日”达到目的。

中华民族传统节日对于人民生活和社会发展具有十分重要的意义，将传统节日纳入我国法定假日体系中，更加有利于充分发挥其巨大的文化功能和社会功能，有利于中华文化的传承，增强中华儿女的情感认同、民族认同。中华民族五千年文明经历战乱分裂依然生生不息，不可忽视的是存在于我们民族内部共同的文化认同，这种认同是大中华文化对各民族人民天然的亲和力和凝聚力带来的。这种亲和力和凝聚力很大程度上是靠共同的节日风俗习惯维持下来的，它是潜在、无感、无形的，却是一种自发的力量，一种真正的文化原始力量。

对于现代都市社区而言，来自不同地方的人，在观念道德重建与邻里守望互助中，通过在共同假期里、在社区内开展节日风俗的解读，在对话中交流不同地域节日文化的差异，能够超越差异文化形成共同的新的节日文化，这意味着对于上海这座现代都市存在的多地域民众杂居的情况而言，举办传统节庆活动对新型网络社会关系的重建有着重要的意义。通过对农耕文明节庆活动的现代演绎，实现现代化都市开展民俗节庆活动的动态图景，在这个过程中又呈现出了创新求变适应时代的属性，不仅改变了地方的社会文化面貌，同时为整合社区文化功能、倡导市民的传统文化实践、养成都市市民节日文化习惯提供了经验，进而起到了缓解同一社区陌生人群聚集所形成的压力，起到催发共同发展新合力的重要作用。

那么，如何通过举办传统节俗活动来接续和传播中华文化的“香火”呢？长宁民俗文化中心在开展都市民俗节庆系列活动的过程中，遇到的最大难题是来自农耕文明的中华传统节日文化、节日风俗和民间信仰类仪式不能照搬不变地在现代都市社区生活中加以呈现。终于，我们在春节、元宵、上巳、端午、七夕、中秋、腊八这些传统节日活动的举办过程中，探索出革新节日风俗，使其在包含丰富传统节日文化内涵的同时，同样适合在现代都市社区开展。通过举行这些节庆活动，可以让百姓在喜闻乐见的游戏、仪式中接受传统文化，更能普及传统节俗文化所包含的文化意义。如此，来自远古农耕文明的节日风俗便能平稳地降落在现代化都市社区的水门汀地面上了。

做一个节日，树一个品牌。经过探索实践，长宁民俗文化中心形成了春节“生肖纳福锦绣春”、元宵“长宁人民闹元宵”、上巳节“曲水流觞，佳人有约”、端午节“民俗风 端午情”、乞巧节“七夕·爱”、中秋节“月常满·人长宁”、腊八节“腊月风和·粥香情浓”七个节日品牌，每个品牌都是一个群众文化活动系列，包含节俗体验、特色文艺演出、馆办团队表演、手工艺展示、美术书法展览、节俗知识讲座等内容。

长宁民俗文化中心就是这样抽丝剥茧，层层拉开，排除各种问题困扰，经过一代又一代民俗人坚持不懈的努力和探究，积累了大量的举办传统节庆活动的经验，既完整保存了传统节日的文化内涵，又拥有了丰富的节俗创新经验。

2018年“民俗风 端午情”系列活动之包粽子亲子培训

2018年乞巧节“七夕·爱”亲子体验活动

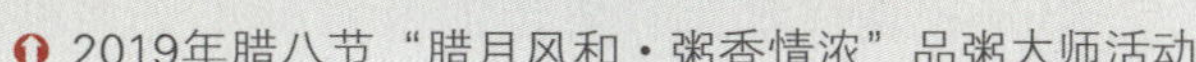

2019年腊八节“腊月风和・粥香情浓”品粥大师活动

2018年“月常满・人长宁”临水听琴音乐会系列活动“百米对诗廊”

一、依据节俗内涵，强化节日体验

维系、推广与深化节日主题，最需要寻找的是与时代的结合点，以便实现传统节日的创新性发展。在创造与创新的过程中，既要对传统一以贯“守”，又要随时随地为适应时代而“变”。

为了改变传统节日在熟人圈内自娱自乐内容多、在陌生人圈子活动少的特点，我们立足于保持传统节日原汁原味的节俗内涵和精神特点的基础上，创新性地将节日与有现代特点的庙会、展览、培训以及交互体验活动相结合。我们自创了许多新的小游戏和新的手段，使市民能够自发参与和体验活动，在参与游戏、观看演出的过程中学习新的知识，增加生活情趣。

春节俗称“过年”，是中华民族最隆重的传统节日，是一年里最具华彩的乐章。传统的春节是佳节，更是“家节”，在中华儿女心中，它是全家团圆，是浓浓亲情，是欢声笑语，是声声爆竹，是春联对对，是大红的“福”字儿，是一桌美味丰盛的年夜饭……大年初一起给尊长亲友拜年，接下来的几天每天都有不同的民俗。

但是在现代都市，要走的亲戚少了，大家习惯了从电话拜年、短信拜年，到现在的微信拜年。对年夜饭的记忆淡了，从年初到年尾，任何时刻好吃的都能被端上餐桌；对挂灯笼贴对联不感冒了，因为现在居住的空间装潢设计精美，很多家庭没有给对联更新预留位置。春节活动最大的难题在于，一到春节，上海这样的大城市就变成了空城，人非常少。面对这样的情况，我们长宁民俗文化中心把春节活动项目的重点放在了“上海过年留守者”的身上，将活动开展的重点放在春节前，活动地点放在了火车站、地铁站、机场等归乡人群聚集地，这样就使得我们举办的春节活动成为持续时间最长的活动，从腊月廿三到正月初四都是“纳福锦绣春”的春节系列活动时间。还特邀长宁非遗项目撕纸传承人华兴富开发了年俗窗花，每年送给社区百姓和归乡人员。在“年俗生肖窗花”设计中，充分考虑到了便于在现代窗户玻璃上静电粘贴，如此更适合现代人贴窗花的习惯，图样设计上也使其饱含春节风俗文化内涵。与此同时，举办了寒假“年俗生肖窗花”培训班、生肖艺术作品展览、心愿春联征集书写赠送活动等，给社区居民和准备归家过年的人带来了节日的气息和浓浓的祝福。另外，在大年初一和初四，与大型商场联合开展“开门红”和“送财神”行街表演，展示长宁民俗文化中心培训扶持的民俗舞蹈团队。近两年，因为公共场所秩序管理的要求，进行参与人员众多的行街表演不被许可，所以我们以“快闪”的表演方式举办活动。参加表演的都是社区老百姓，过年期间参与热闹有祈福含义的表演，大家感到能给一

2009年"送春联"活动

年带来吉利，都非常开心地参与进来。在商场新年开业第一天举办活动，顾客、商家更加感到吉利和祥和，因此，活动备受老百姓欢迎。

元宵节是一个古老的节日，俗名"正月半"，又称小正月、元夕、元夜或灯节，与其他节日不同的是，这个节日从官方到民间都极为重视。古时往往作为皇帝、官员与民同乐的节日。宋代记载，该节日长达五天，除了"妇女出游街巷，自夜达旦，男女混淆"的狂欢外，还有官员派发利市，君王与百姓同赏元宵的现象。至清代，元宵节期间增加了舞龙、舞狮、跑旱船、踩高跷、扭秧歌等"百戏"内容，只是节期缩短为四到五天。元宵节是全民同欢、大众同乐的节日，记载最多的一句话是"正月十五闹元宵"，一个"闹"字生动地表述了元宵节普天同庆的文化意蕴。

长宁民俗文化中心主办或者承办的元宵节活动以团圆欢笑喜庆为基本特征，并一直坚持把宣传长宁地区特色元宵节上灯活动与传承元宵节节俗文化特色活动包汤圆、猜灯谜、民俗行街表演、扎灯笼比赛、扎兔子灯课堂、民间手工艺大展示等民俗活动相结合，根据不同的活动场地及各种规范化要求，因地制宜，这是目前长宁民俗文化中心坚持时间最长，至今未间断的民俗节庆活动。回顾长宁民俗文化中心开展过的传统特色闹元宵系列活动，上灯仪式、民俗行街表演最值得称赞。

2014年“元宵行街”表演

长宁元宵节上灯仪式源自古代元宵节时要举行祭祀的风俗。上海西郊地区的元宵节有制作高高灯塔的风俗，祈求好日子如高高灯塔蒸蒸日上，当地所谓“上灯圆子团团圆圆保平安，落灯吃面顺顺溜溜吉祥年”。长宁民俗文化中心在策划长宁元宵节活动时，针对上海西郊“竖塔灯”的风俗做了专门访谈。很多老年人对北新泾关帝庙和虞姬庙元宵节庙会的“塔灯”都还记忆犹新。如此，一个特殊的地方民俗又呼应了中国元宵花灯的风俗，具有保留的价值。所以，第一次元宵节活动，把高大的宫灯作为特色，亮相在新泾公园时，得到了众多百姓的参与和好评。之后的四年，一直坚持每到过年时就制作一座大宫灯，并且另制生肖灯。直到2005年后，随着公园商场等室外大型群众文化活动受限、社会管理方式及公共文化体系的完善、长宁民俗文化中心自身文化阵地的日益扩大、长宁民俗文化中心这一公共文化阵地人气的日益旺盛、大宫灯活动因其易受天气影响、对于来馆群众也容易造成安全隐患等问题，我们便思考改变形式，将“塔灯”展示策划为更具国际语态、更能体现传统元宵节文化特色的上灯仪式。为传承“十三上灯、十五正灯、十八落灯”的民俗传统，长宁民俗文化中心职工因地制宜，先后有点天灯、竖杆上灯等形式的探索，最后利用民俗文化阵地建筑特点确立了楼顶上灯的活动形式。月色婵娟、灯火辉煌，居民们聚集在长宁民俗文化中心的小广场上，心中怀着对幸福的祈祷，跟随着音乐祝词，目送红灯冉冉升起。掌声和欢呼声就是对这一传统仪式回归的最好褒奖。

元宵节另一个重要的节日文化内涵就是“闹”字。闹就不能缺了人的参与，并且只有人人参与其中，才更能够体现元宵节“十五十六走百病”的节俗特点。民俗行街表演是传统社火活动的演变，需要把社火的巡游和社区百姓民族舞蹈培训结合起来。长宁民俗文化中心服务范围内的学校、居委会开展了民俗舞蹈培训。最初的活动是“一居一品，一街一特”，也就是做到每个居委会有一支民俗舞蹈队伍，如此，逐步形成了幡旗、舞龙、舞狮、打莲湘、红绸、响铃、花轿等18支民俗舞蹈团队。舞龙祈求风调雨顺，舞狮企盼事事平安，上百人的民间舞蹈队伍行进在现代化大都市上海，真是蔚为壮观又令人新奇。他们无论出现在哪里，都是照相机镜头的宠儿。年轻人看到了从未见过，甚或可谓即将在上海失传、快要绝迹的民间艺术，异常激动。除了在很多旅游景点常见的百种民间手工艺体验、传统曲艺、魔术表演外，我们还在广场上设立了民俗体育大擂台及比赛跳绳子、踢毽子等九子游戏类活动。除了被评为擂主的参与者有“大奖”可得，其他人还可以参加“快乐大转盘”，通过拼幸运来获得小奖励。此类活动每年都会举行，不仅有周边居民参与，相邻区县的群众也会参与其中，使得陌生人群“闹”成快乐的“一家人”。

二、保留节日内涵，革新节日演绎

毕竟同一节日在不同的时代会有不同的风俗，旧的风俗会消去，新的风俗会不断地产生。因为很多农耕文明时期的传统节俗活动，随着时代的变迁及生存环境的改变不能呈现在当代，甚至有些传统的风俗也不被当代人所喜欢，所以对于这类节日风俗内容，我们在活动策划的过程中，往往以充分保留节日人文内涵为基础，并对传统的节俗活动进行新的演绎，以吸引现代人参与并在现代都市社区环境下可以实行为原则，让传统的节日风俗在现代的人群中重新焕发活力。而这部分工作也是我们在14年节庆活动探索中用功最多的部分。

例如，长宁民俗文化中心从2004年起开始在端午节推行端午风俗体验活动。“赛旱龙舟”“抛彩粽比赛”“屈原为你点雄黄”三大特色活动也是基于此而“发明”出来的。

“赛旱龙舟”经过大约五年的探索，才形成了如今的旱龙舟赛事。最初年年有龙舟行街表演，龙舟从2米到12米越来越大，活动更是热度不减，只是没有龙舟赛事。原因是长宁民俗文化中心场地无法进行龙舟赛。端午节里若没有龙舟赛，就少了很多风情。在现代都市的水泥地面上，要呈现端午赛龙舟存在一定困难。因此，怎样能够在保留赛龙舟精神内涵的前提下，又用创新的形式将活动演绎出来，就成了摆在文化工作者面前的难题。在分解赛龙舟活动后，我们保留了一些核心元素，如“船”的物质

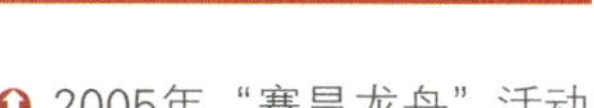

2005年“赛旱龙舟”活动

形式，团结协作、互有竞争的精神内核等。照着龙舟形式，运用民间扎灯笼的手艺，长宁民俗文化中心职工中的能工巧匠制作了旱龙舟，由此旱龙舟比赛应运而生。最开始的设计是由2~3名表演人员手提拎把，边走边扭，利用动作幅度和拿桨划船的动作意会划船竞技的形态，演员们穿着拖鞋指示水的环境。后来，旱龙舟也有了比赛，居民们两人三足跑，分组划旱龙舟，争夺第一名的好彩头。围观群众呐喊助威，在热闹的比赛中，参与者相互协作、共同奋斗，将端午节活动推向高潮。

“抛彩粽”是第二个从节日内涵里演绎出来的端午节俗游戏。吃粽子是中国人熟知的端午风俗，而如今粽子却成了端午节鲜有人想吃的一种食品。长宁民俗文化中心活动将包粽子这一风俗衍生出各种花样，粽子比赛有比外形的：三角粽、四角粽、五角粽、枕头粽、小脚粽、书包粽等；还有比馅料的：大肉粽、蛋黄粽、赤豆粽、五色粽、栗子粽等。制作香囊也是花样多多。我们将包粽子和制作香囊两个端午风俗合二为一，衍生出了“抛彩粽”比赛。把制成粽子形状的香囊作为“彩球”，投向同伴背着的背篓里，讨个“中”的口彩，现已发展成为人人可参与、文化内涵丰富的比赛。这就是我们从形式上演绎了原有的节日内涵，如此，端午风俗的活动便得以在社区、校园中方便、热闹地开展下去。

“腊月风和·粥香情浓”腊八节俗体验活动是演绎节日内涵的另一个成功案例，该活动健康、文明、参与度高，符合现代都市特点，“品粥大师”赛源于一次社区党员活动。上海是一个海纳百川的城市，拥有来自祖国各地的人。因此，腊八粥的做法、配料各有千秋。我们产生了把各地的腊八风俗展示出来的想法。请社区的党员与上海阿姨联手，按各地不同的做法将腊八粥做出来，每次做6~8种，然后举办各地腊八粥所用食材的展览，并把各地的腊八粥陈列在舞台上，用印有“品粥大师”字样的眼罩将比赛选手的眼睛蒙上，为选手随机端上一碗粥，要求选手品尝后指出粥中所用的食材，并且要说出所食之风味腊八粥属于哪个地区，猜中者获胜。活动让很多人在喝粥中也增长了知识。而“八谷淘宝”赛主要是锻炼手指灵活度、筷子使用灵巧度，并且在很大程度上有助于五谷食材的知识普及。该活动主要面向学龄前小朋友和外籍朋友。在腊八节期间，有很多外国朋友会到长宁民俗文化中心，他们对中国的筷子总是情有独钟。我们把腊八食材混合在一起，在选手面前摆出八个茶杯，每个茶杯需要用筷子夹入腊八食材，完成最快者获胜。活动易操作，安全卫生，又有浓厚的节俗内涵，因此从举办之初就深受人们欢迎。

三、顺应时代发展，体现都市气质

传统节日在现代社会里，会发生内涵的改变，最典型的就是七夕节。七夕节源于古代先人对于天体日月星辰的崇拜，又称“乞巧节”“七巧节”，节日中包含了牛郎织女七七鹊桥相会的神话故事。自古以来七夕最重要的节俗就是乞巧，包括穿针乞巧、拜铸乞巧、喜蛛应巧、投针验巧、观影占巧、吃巧果等。在七夕节女子除了会展示心灵手巧外，也会进行一系列的乞美活动，乞求织女赐予美丽，其中典型的包括染指甲、树叶洗头、露水沐浴等。民间普遍认为七月初七是掌管文人考命的魁星的生辰，所以读书人有在这天拜魁星的习惯。这就形成了拜魁星拜织女的节日风俗。其他节日风俗还有祈子、晒书晒衣等。

“七夕”节日风俗的演变几乎是“一夜之间”的。我们在多年的节俗活动中体会到，2007 年前七夕节还没有得到都市民众，尤其是青年一代的广泛认可，只是近年来越来越多的媒体开始宣传中国情人节。2008 年，随着媒体铺天盖地的宣传和商家的联合炒作，七夕节中的牛郎织女元素开始升温，情人节主题大受欢迎。长宁民俗文化中心对这个时代赋予的“七夕·爱”节日内涵进行了研讨，认为时代呼唤新的节日内涵是时代发展的要求，也是现代人精神生活活跃的体现。长宁民俗文化中心既然探索现代都市社区的传统节庆，作为专业的文化活动策划、组织单位，就要不仅了解传统节日风俗，更要有与时俱进的先进理念。在多年的节庆策划中，我们不单介绍、演绎七夕传统风俗（如穿针乞巧、投针验巧、投壶、颂诗赛诗等），并且借这个浪漫的节日，让传统与现实亲密接触——举行“相亲会”。我们组织单身青年男女在长宁民俗文化中心相遇，听评弹、品香茗、谈古筝、赏皮影、跳莲湘舞，在北楼老街伴着吴侬软语的评弹和充满地域风情的江南丝竹逛“集市”……在 2015 年，我们将七夕与民俗乐器推广季相结合，推广民乐类非物质文化遗产项目，推出整套侗族大歌表演，设计拦门酒环节，

2014年七夕节“向前遇见爱”活动现场

让民众充分体验和参与到传统文化中。

七夕节在当代的复兴，既得益于传统文化的回归，也得益于当代人对爱情美好的向往。通过民俗节日表达对爱情的理解，丰富了都市人的文化生活。在节日体验设置中，充分考虑对年轻人的精神引导，通过不同形式传达了美好的爱情婚姻价值观。比如，2015年与精神文明办合作的七夕节活动，围绕“家”与“情”的概念，通过展览展示各个时期的结婚证及嫁妆，并邀请金婚老人上台分享他们的爱情故事，祝福并引导年轻人。这些活动使得传统节日不再仅仅停留于节日体验，更重温了家庭观念与历史文化的关系，彰显了中华传统伦理道德之美，具有极高的社会文明精神建设价值。

四、复原传统节俗祭礼，营造节日仪式体验

中国的每一个传统节日都由来已久，其中最常见的主题是敬天孝祖、明德保民，无论节日的名称、内容怎样随着时代民意而变化，祭祀礼仪在节俗活动中都占据着重要的地位。尤其是很多节日的由来与祭祀鬼神的民族信仰有关。可以说民族信仰是传统节俗文化的重心。如敬天祭祖是春节的首要主题，主要活动都是围绕祖先展开的。在我国最早的典籍及传统节俗中，祭祀活动都是节日里最重要的部分。长宁民俗文化中心在组织民俗节庆活动的过程中，为了复原传统节日中蕴含的信仰力量和对大自然的敬畏感，从2007年开始，探索了在中秋节尝试举行祭月礼；2014年探索进行上巳节祓禊仪式，得到了参与群众的广泛认同。

我们的做法是先由演员以带装表演的形式演绎文献记载中传统节俗礼仪的过程，向参与群众讲明节日的内涵和祭礼的程序及意义，在祭礼的最后阶段创作带有明显时代特征的新式祭礼祝词，由演员带动群众行节俗祭礼。例如，我们在2007年中秋节当晚举办的“月常满·人长宁”中秋节俗体验活动中，第一次正式举办了祭月活动。在国泰民安主题下拜月祭文是这样的：

> “丁亥中秋，况逢盛世。咸集万家，拜月新泾，正冠理服，爵酒一觞。告于明月，恭祝诸君：维我民族，汗青永记。文物浩瀚，彬彬盛矣。先贤奋进，世道康宁。今宵团圆，感念祖恩。继之承之，播之传之。斯为国粹，千载绵恒。兹呈斯文，敬拜素额。祈佑家邦，祚民以安。增辉吾辈，孝先贤德。长宁儿女，业绩显彰。”

祭月活动虽是传统风俗，但祭台上有香烛果酒，主祭等人员都身着汉服，场面庄重。刚开始时，我思想上还是放不下，内里还存有“宣传封建迷信”的阴影，祭月礼演出从尚未开始到结束的整个过程，我内心都极其紧张，未与群众一起跟随演员礼生的引导参与其中，而是站在旁边观察在场三四百名群众脸上的神情。演员礼生铿锵有力的声音和饱富深情的祝词诵读，让在场很多嘉宾的表情发生了转变——从看表演初时的轻松渐转为庄重。看到此，我也感觉到了些许轻松，就退到了观众的身后。受经验所限，当晚我们让月亮光照在舞台上，而演员则要面对月亮。当演员礼生号召在场群众行祭月礼的时候，人群突然转身仰望月亮，不想“因祸得福”，我看到很多观众都潸然泪下，那一刻带给我极大的震撼，透过那一轮映照了中华大地千年的中秋月，现代都市民众与先人的情感交融着、共鸣着。活动结束后，还有好多人伫立良久，不舍得离去。此次拜月仪式的成功，让我和当晚参与活动的观众一起体验了中国传统节日中信仰的神圣力量。

五、注重五个结合

（一）传统与现代结合

古老的节日必须与新时代产生共鸣，才能唱响现代的主旋律。在这个过程中我们体会到的是，农耕文明和现代都市的差别不仅仅在于时代变迁，还在于自然环境的变化，人们欣赏水平、关注点的变化，为适应这些变化，作为活动的组织者，我们需要对节日文化内涵精准把握，并在形式上加以创新，对现代群众必须加以引导，才能真正传播传统文化、坚持正能量。

（二）主办单位与社区结合

社区是传统文化传承包括非遗活态传承的主战场，节庆文化也要在社区老百姓的生活中真实呈现，并成为社区老百姓生活的一部分，如此才能算是真正的传播。所以我们的很多活动都是让社区居民积极参与，在社区搞，在居民家里做样板、拍录像，并发挥居民的作用。

（三）活动与学校结合

在传统节庆活动进校园的过程中，我们为了能在不同年龄段的孩子中开展不同的、适合的活动，我们把节日内涵尽最大努力演化成孩子们喜欢参与、能够参与、积极互动的游戏、比赛、故事会等方式，并且要在节日前进学校开展，为的是让孩子们在节日到来时带动家庭开展节日活动，把传承进行到底。

（四）平时与节日结合

在平日的群众文化培训中，我们有意识、有重点地培训群众文化骨干，并开展与不同节庆内容相关联的节日主题民间舞蹈排练、手工艺品制作、民间美术作品创作、文艺节目排演等，在节日来临时，民间文艺团队的精彩演出也会激发群众的参与热情。

（五）非遗传承普及与节庆民俗结合

我们做任何工作之时都没有忘记非遗传播的责任。节庆民俗活动本身也是我们非常重要的非遗项目展览、非遗保护成果展示的舞台，借民俗节庆活动之机，给非遗传承人提供讲座、展览、展示的机会，既丰富了节日内涵，又传播了非遗文化，一举两得，呈现自然不生硬，特别为群众喜欢和接受。

上文是对我们民俗节日活动探索14年的概况记录。重温中央文明办下发《关于2017年广泛开展“我们的节日”主题活动的通知》，指出“以春节、元宵节、清明节、端午节、七夕节、中秋节、重阳节为重点，坚持贴近生活、贴近群众，创新载体、创新形式，宣传普及传统节日风俗，丰富节日文化内涵，注重家国情怀和人文情怀，推动‘我们的节日’主题活动在全国城乡基层广泛开展”，使我们更加坚定了进行民俗节庆活动的信心。接下来，我们将积极推出更多介绍节日文化的群众文化活动，引导全社会形成礼敬传统节日、弘扬节日文化的良好氛围。

第二章 春节

春帖家家彩纸新，新门神替旧门神。
新邻贺岁寻常事，拜祖衣冠躬必亲。

——秦荣光《上海县竹枝词》

“属相贺岁吉祥”春节

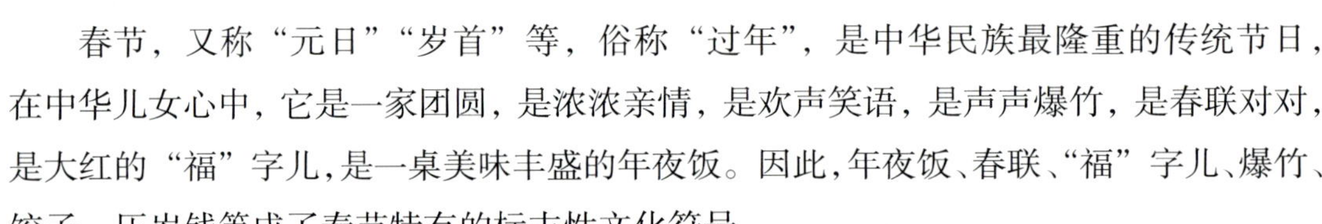

春节，又称“元日”“岁首”等，俗称“过年”，是中华民族最隆重的传统节日，在中华儿女心中，它是一家团圆，是浓浓亲情，是欢声笑语，是声声爆竹，是春联对对，是大红的“福”字儿，是一桌美味丰盛的年夜饭。因此，年夜饭、春联、“福”字儿、爆竹、饺子、压岁钱等成了春节特有的标志性文化符号。

一、节日简介

关于春节，古有“三朝”“三始”和“三元”之说。“三朝”即正月一日为岁之朝、月之朝、日之朝；“三元”即正月一日岁之元、时之元、月之元；“三始”即正月一日为年之始、月之始、日之始。无论是三朝、三始，还是三元，其意都是指正月初一是新年的开端、新季节的开端、新月份的开端、新的一天的开端。所以，无论从日（阳）、月（阴）来看，还是从天（阳）、地（阴）来说，春节都是名副其实的一年之始。实行公历以后，人们通常认为除夕的零点为一天的开始。所以，人们也通常选择在零点前后燃放鞭炮庆祝新年的到来。

传统意义上的春节，从腊月初八的腊祭、腊月廿三的祭灶开始，直到正月十五元宵节才算结束，历时月余。人们除夕前做的所有准备被称为“新年序曲”，除夕以后

的时间被称为“正新年”。除夕（又称“年三十”“岁除”）和正月初一是节日的高潮。

二、江南地区节日风俗

清代松江地区，春节风俗从送灶就已经开始了，廿四“以夜祀灶神，谓之送灶”。送灶的时候，要用糖粘住灶王爷的嘴，“以饴糖做成元宝形、玉饼、方胜的样子，用来祭灶，叫作廿四糖”。现代，祭神送灶、贴春联、年夜饭、除夕守岁、贺岁拜年、迎财神、闹元宵构成了江南地区过年风俗的基本时间节点和民俗文化景观。

（一）贴春联

春联，俗称“门对儿”“对联”“对子”，雅称“楹联”。春联的来源是桃符、桃木板。最初是用来避邪的，后来画门神于桃木板，再悬挂于门首，意在祈福灭祸。现在的春联是桃符的变异。春联最本质的特征是“对仗”，讲究工整，多为表达人们的美好心愿和对未来的期许。

（二）年夜饭

年夜饭，又称团圆饭。俗话说，有钱没钱回家过年。春节在人们心中，是团圆的节日，除夕之夜回家吃年夜饭，也是中国人最重视的节俗。除夕之夜，既是一年的年尾，又是新一年的开端，家人一起度过，吃上一顿团圆饭，老少一起守岁迎新，不亦乐乎。肉圆、蛋饺、烤麸等，都是上海年夜饭必不可少的食材，既美味，又有好彩头。

（三）迎财神

在全国很多地方，都有初五迎财神的风俗，取东西南北中五路之意。上海作为商业发达的城市，对迎财神的风俗也特别重视。“正月初一开门炮，正月初五迎财神”已经成为必不可少的风俗。

三、传统节日的当代实践

长宁民俗文化中心自2004年起第一次策划春节活动。活动内容以培训居民扎彩灯开始，一般从腊八过后各种彩灯培训班就开班了。2005年、2006年和2007年三年组织了外籍居民过中国年活动，以后虽然没有特别组织，但每年都有外国人自发来到长宁民俗文化中心看皮影、包饺子、制蛋饺，中国人的春节风俗受到很多外国朋友的喜爱。2008年起活动设置上开始考虑结合节日求福纳财的特点，以丰富热闹为特色。在多年的实践中，活动也由最初的设计动作，转变成了自发的参与行为，成为群众欢庆的节日和假期。通过一系列的活动，带动了节日气氛，传达了美好祝愿。

（一）引导百姓参与，满足群众需求

长宁民俗文化中心早期举办春节活动，以官方设计动作为主导。春节之前，人们忙于置办年货准备除旧迎新，来文化馆的群众数量较少。年初一开始，人们陆续走出家门欢庆春节，此时的长宁民俗文化中心节日喜庆气氛浓厚，馆内贴满春联、窗花等。初一上午，有领导给群众拜年，还邀请了艺人在现场表演写书法、剪纸等。群众主要是观看和感受，并没有融入欢庆的体验之中，尤其是在时间安排上，初一的上午很多人还在补除夕送旧迎新的睡眠，上午活动无论怎样精心设计，老百姓参与度都不会高。后来通过观察群众的参与情况，调整思路，根据群众需求进行不断改进，将春节活动打造成群众喜欢、能够自发参与和体验的活动，通过设计各种擂台赛、游艺集市等活动，打造属于过大年的火爆、欢庆场面。

（二）丰富节日体验，打造节日喜庆气氛

在春节活动中，早期项目以春联收藏展、春联互动演示、文房四宝精品展、民间手工艺表演、年俗情景表演及戏剧大舞台为主。后来，根据春节喜庆热闹的节日特点，又策划了一系列群众参与度较高的活动，包括开门仪式、擂台赛、游艺市集（民俗大观园）、送“财神”等，以积极营造节日的喜庆气氛。

1. 开门仪式

在年初一这一天举行“开门仪式”。随着一声悠长的“开门啦”，长宁民俗文化中心的大门缓缓打开，“福禄寿三星”喜气洋洋、款款而出，开始迎宾。紧接着电子鞭炮齐鸣，象征新的一年幸福欢乐，场内立刻充满欢庆热闹的气氛。

开门仪式起初是组织群众参与，时间放在早上，区领导也会来参加，给老百姓拜年。但是老百姓并不买账，大年夜的晚上守夜，年初一上午正是补觉的时间，组织来的都是睡不着觉的老年人，参与人数自然大打折扣。后来开门仪式改在了下午，百姓主动参与其中，并且在开门仪式中策划了讨喜的节目，使群众在大年初一就能感受到吉祥喜庆，增加了人们参加活动的积极性！福禄寿三星的扮演者非专业演员，由社区内的热心群众装扮，图个开心喜庆。

开门仪式

2. 擂台赛

“开门仪式”后，来参加活动的社区居民和留在城市里过年的农民工及他们的子女便可以进入文化馆体验各式活动。长宁民俗文化中心把原有的舞台设计成擂台，群众可参与到比赛踢毽子、踩气球、丢沙包、跳房子等文化活动中。擂台赛的比赛设有优秀者奖品，所有参与的人基本上也都有阳光普照小纪念品，这充分调动了群众参与的积极性。在活动过程中，参与者的童心得以放大，往往一个人比赛，周围所有人都在计数。人与人之间不再是个体，互相之间有了交流，陌生感逐渐消除，彼此间成了伙伴和朋友。这场为老百姓举办的活动，实现了举办它的初衷，真正成为群众自发、乐于参加的活动。但这里也为此类活动的组织者提个醒，在外来人员较多的城市，有些人是不会主动参与社区活动的，比如前面提到的农民工群体，长宁民俗文化中心都是通过居委、企业组织事先送参与券到他们手中，邀请出席。如果没有参与券，他们即便来到了活动现场也是活动的旁观者，为了真正拉近外来建设者和本地居民的交往融通关系，还需要动脑筋做细致的工作。

3. 游艺市集（民俗大观园）

自从开办春节活动以来，文化馆每年都会邀请艺人来展示手工技艺，通过手工市集来展示节俗元素。在以百姓体验为核心的主题要求下，手工集市改版为游艺市集，成为民俗大观园，春节的各种祈福活动在游艺中完成。比如，原来邀请书法家来写春联，再由青年党员给社区内的孤寡老人送春联。在游艺市集中，则是百姓自己写春联，并开辟专门区域将这些春联悬挂出来，通过对联祈愿的方式表达群众对新年的祝愿。起初，百姓自己写好的春联，觉得字写得不好看，不愿意张贴出来，但随着整个欢乐气氛升级，越来越多的百姓将春联展示出来，场地的氛围更浓厚了。如今，写春联已成为长宁民俗文化中心春节期间的文化名片。群众自己书写春联展示已被称为富有特色的“新民俗”。在这个活动过程中，要求组织活动的文化馆员要积极鼓励人们拿起毛笔，想象中小学生以上的中国人都拿过毛笔，但实际情况完全不是这样，有些50后、60后表示自己是第一次拿起毛笔，而第一次写春联的人就更多了。这样的群众文化普及活动比起请书法家写春联赠送给老百姓更有文化普及意义，两种方式有着主动参与和被动接受的区别。

4. 送“财神”

送“财神”也是春节期间的保留传统项目。初四、初五这两天里，送“财神”的活动会分不同的场地“演出”多场。之所以把演出两字加引号，就是因为这种演出有更多的观众参与。装扮好的“财神”会向群众分发“元宝”巧克力、“金币”巧克

力这样应景的糖果，以传递祝福。每年这个时候，长宁民俗文化中心也会和商场合作，进入商场为商家和百姓送祝福。比如，为百联西郊、高岛屋等商场送“财神”。除了会由福禄寿三星送祝福外，也会带来丰富的节目表演。比如2008年，长宁民俗文化中心与中山公园地区功能拓展办联合举办了“祥和长宁新春乐，中山商圈大拜年”活动。此次活动主要包括两大板块：一是在中山公园内的“龙之梦”商场展示区展示剪纸、捏面人、撕纸、泥塑、中国结的编制等内容，同时还展演了龙狮舞、踩高跷、荡湖船、莲花落等项目的浓缩版本；二是由一支近70人的民俗表演团队演绎春节游园会。这支队伍包括开道队、幡旗队、舞狮队、大头娃娃队、男子腰鼓队、红绸舞队、荡湖船队、花轿队、嫁妆队、莲湘队、龙兵队、卡通队、江南丝竹队、舞蹈队等。突破了江南丝竹、舞蹈、独唱、踢踏舞、越剧、沪剧、锡剧、皮影戏等常规节目形式。这种政府搭台、综合联动、企业参与、各方共赢的活动方式，为都市中的老百姓献上了一份丰富的大年礼物。2016年，随着社会治理力度的加大，大规模的群众聚集活动被限制。为适应现代都市的新要求，更为了满足群众过欢乐年的需求，长宁民俗文化中心还组织团队在百联西郊购物中心以“快闪”的形式进行了一系列文艺演出，广受好评。

附：

近年来长宁民俗文化中心春节活动主题及主旨

时间

2004年春节前夕

主题

扎彩灯培训

简要回顾

初次探索春节的节庆活动。按常规春节文化馆都是放假的，因此，在腊月二十一至二十七春节前夕开办扎灯笼培训班，春节里照常休假。未曾想到，培训班受到了百姓的欢迎。

扎灯笼培训班现场图

外国友人体验坐花轿

时间

2005年2月9日

主题

外国人过中国年

简要回顾

与涉外社区联手，组织来自长宁区程家桥街道的外籍人士和本地群众一起包饺子、看皮影戏、学习拜年礼仪等，让居住在长宁区的外国人过中国节。时任长宁区委书记薛潮和文化局局长来文化单位拜年，与外国友人一起包饺子，气氛欢快融洽。

教外国友人包饺子

教外国小朋友玩皮影戏

时间

2006年1月29日

主题

百狗剪纸过大年

简要回顾

本馆组织创作56幅形态各异的“狗”剪纸，刻在泡沫板上展出，气势宏大，同时吸引了很多外国人和周边居民来馆过大年。除了展览，还有炒年货、包饺子、传统手工艺等项目，在长宁民俗文化中心可以过上一个年味浓郁的春节。

2007年，在长宁民俗文化中心馆内办新春庙会现场

时间

2007年2月18日

主题

金猪纳福过新春

简要回顾

长宁民俗文化中心举办了盛大的新春“开门红”仪式，春节以手工艺表演为主，在馆内和中山公园同时开展百名艺人手工现场互动展览。多年少见的传统手工艺、庙会等方式吸引了人们关注、流连。

2007年新春庙会人偶合影

时任长宁区委书记薛潮擂响春节系列活动第一鼓

时间

2008年2月7日

主题

“祥和长宁新春乐”2008长宁民俗文化广场展演活动

简要回顾

新春“开门红”通过幡旗、舞狮、腰鼓、花伞、抬花轿、送嫁妆、踩高跷、荡湖船、打莲湘、红绸舞、大头娃娃，以及江南丝竹、舞蹈《皮影》、情景剧《老鼠娶亲》等民俗表演，展示绚丽多姿的民俗风情，让都市民众品味中华民族源远流长的文化底蕴，为民众打造一个不寻常的春节。

上海市精神文明办主任马春雷等领导亲自到居民家中送春联

时间

2009年1月18日起

主题

“迎春送福，世博纳祥”上海市迎世博贺新年送春联活动

简要回顾

这一年承办了上海市市民春节活动，从腊月二十三一直忙到正月十八。时任上海市精神文明办主任马春雷等领导出席并亲自到居民家中送春联，以“春节节俗”为中心，以五方杂居的过年风俗和节庆文化为脉络的“海上年俗系列展”，引起了社会的广泛关注和强烈反响，这一活动被打造成为上海春节期间的文化景观和文化品牌。

时间

2010年2月14日

主题

“吉虎闹新春，欢乐世博年”活动

简要回顾

这年的春节与往年特别不同，全市齐动员，喜迎世博会。长宁民俗文化中心员工

海宝迎春

齐上场，排演串联了江南特色民间舞蹈、音乐情景剧《乾隆下江南》，通过乾隆江南巡察主线连起江南民间文艺展示，构思巧妙，主题刚好呼应了热播电视剧《乾隆下江南》。在市内各大广场巡演，一整年不间断。

↑ ↓ “龙腾盛世耀华光”2012年元宵大联欢活动现场

时间

2012年

主题

“龙腾盛世耀华光”壬辰年长宁新春系列活动

简要回顾

在龙年春节系列活动中，特意在文化馆大门口安装了龙灯，还在院子里挂起了居民制作的宫灯。这一年，第一次策划了“擂台赛”、跳绳子、踢毽子等活动，每天评出一个擂主，奖品是一张地铁卡。由于人们对游戏本身很喜欢，参与人数众多，既拉近了城市里陌生人的距离，又表达了人们对龙年盛世的祈福，寄托了对幸福明天的憧憬。

↑ “快乐大转盘”活动

↓ 一起排队转大转盘的外国小朋友

时间

2013年2月10日—14日

主题

金蛇狂舞贺新春

简要回顾

大年初一照例是“开门红”。演出的同时，春节前夕举办的扎灯笼比赛的颁奖仪式亦在热闹地进行。仪式结束后，群众可以通过参与下棋、套圈圈、手工制作等活动获得转起“快乐大转盘”博彩祈福的机会。同时也为群众设计了新的游艺活动“打蛇洞”，群众参与积极。

时间

2014年1月31日—2月2日

主题

"万马奔腾锦绣春"2014年长宁百姓贺新春系列活动

简要回顾

在馆内、百联西郊中庭等地开展活动，让都市民众过上年味儿十足的中国年，保护和传承我国辉煌灿烂的春节风俗文化，大年初一举办了文艺演出、送春联、挂彩灯、办中国结"炮仗结"等。与新华街道联合举办"新春楹联进社区"暨"中国梦"楹联创作比赛。

2014年春节期间行街表演

2014年春节期间行街表演

环卫工人参与活动中

时间

2015年2月19日—21日

主题

“三羊开泰鸿运春”长宁民俗文化中心2015迎新春帮困慰问系列活动

简要回顾

迎新年开门接福。舞狮、舞龙、福禄寿三星、卡通队表演，以及发放新春游园卡，凭借卡片可以参与五个项目的活动，集齐五个章则有小礼品赠送。主要特色是组织外来务工人员来长宁民俗文化中心过春节，除此之外，还会到农民工驻地和长宁福利院去巡演，并向困难户家庭赠送春联。

为环卫工人发放礼物

↑ 老百姓的心愿春联与户外红灯笼相映成趣

↓ 长宁民俗文化中心一景

时间

2016年2月8日—12日

主题

“金猴送福吉祥春”2016长宁新春民俗系列活动

简要回顾

活动从2月8日—12日没有间断，尤其是初一的一场瑞雪使得这个春节分外浪漫。市文明办、市文广局、东方广播中心的“我们的节日”海上畅谈话春节活动一直伴随长宁民俗文化中心的活动进行；戏曲演出、九子游戏竞技、民艺手工坊等活动次第开展，吸引了众多艺术家来给百姓赠送春联，引起社会好评如潮。

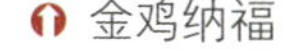
金鸡纳福

时间

2017年1月28日—30日

主题

金鸡纳福锦绣春

简要回顾

除过大年的常规化风俗活动之外，2017年，还有群众性擂台赛这个特色活动。请群众走上舞台，参加九子类游戏大比拼。除此之外，还邀请社区阿姨在鸡年展示百家烧百鸡——烧“百样鸡”厨艺。请来二村、三村的“失独家庭”老人聚餐，青年人做服务志愿者，弘扬爱老敬老和对特殊家庭的社会关爱。这一年的心愿春联书写场地也成了拍照胜地。

华兴富老师在撕纸年俗展上

时间

2018年2月2日—20日

主题

"金犬旺福祥和春"新春系列活动

简要回顾

春节正逢北楼装修，很多馆内的活动移向馆外，在虹桥艺术中心大厅开展了"春艺盎然"长宁区2018年俗"楹联迎春活动"和"华兴富撕纸百狗年俗作品展"；在百联西郊购物中心开展年俗"闪演"，把传统民间舞蹈以新颖的方式加以呈现；在南楼展厅开展"海上风韵——上海海派书画精品展"，让百姓享受精品文化带来的乐趣。在虹桥火车站为离开上海回家的人们各送上一副对联、一个窗花，为他们送去一份祝福。

元宵节

灯火煌煌卜紫姑，东西邻女学扛芦。
夜阑还趁街头月，走遍三桥倩婢扶。

——李行南《申江竹枝词》

“欢天喜地”元宵节

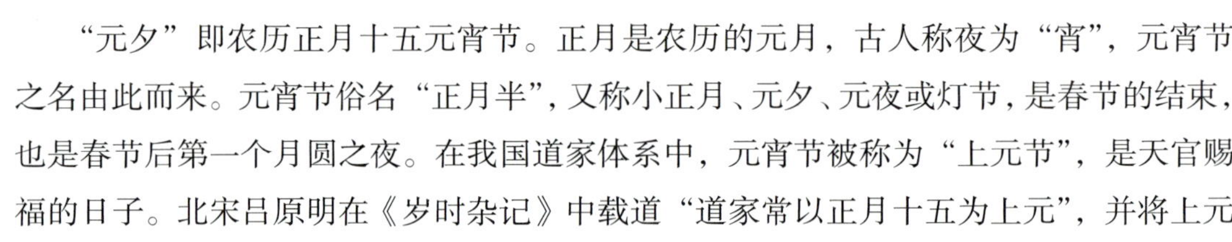

“元夕”即农历正月十五元宵节。正月是农历的元月，古人称夜为“宵”，元宵节之名由此而来。元宵节俗名“正月半”，又称小正月、元夕、元夜或灯节，是春节的结束，也是春节后第一个月圆之夜。在我国道家体系中，元宵节被称为“上元节”，是天官赐福的日子。北宋吕原明在《岁时杂记》中载道“道家常以正月十五为上元”，并将上元节（元宵节）与中元节（盂兰盆节）、下元节（水官节）合称“三元”。

一、节日简介

早在西汉汉文帝时就已经下令将正月十五定为元宵节。汉武帝时，“太一神”的祭祀活动定在正月十五。东汉明帝提倡佛教，他听说佛教有正月十五僧人观佛舍利、点灯敬佛的做法，就下令在正月十五这天晚上，在皇宫和寺庙里点灯敬佛，并下令民间也挂灯。后来这个佛教节日逐渐成为民间的传统节日。唐代观灯三夜，元宵夜出现了杂耍技艺；北宋延长到五夜，出现了猜灯谜等活动；明代规定正月初八上灯，正月十五落灯，又增加了戏剧表演。在我国传统节日文化体系中，元宵节是一个“全民同欢、大众同乐”的节日，从官方到民间都极为重视。“正月十五闹元宵”，一个“闹”字生动地表述了元宵节普天同庆的节日文化意蕴。千百年来，元宵节经过不断的发展和

演化，形成了丰富多彩的民俗活动。比如，观灯彩、猜灯谜、“放天灯”、放河灯、祈福、放烟花、闹社火、吃元宵（北方“滚”元宵、南方“包”汤圆）、走百病、碾蝗虫、祭蚕神、听香、送灯、偷菜等。此外，元宵节还有祭门、祭户，逐鼠，送孩儿灯，走百病等风俗，以及高跷、旱船、舞龙、舞狮、秧歌、抬阁等娱乐活动。

二、江南地区节日风俗

（一）观灯彩

“正月里探妹正月正，我接小妹看花灯。”“观灯彩”是元宵节最为典型的民俗活动之一。元宵之夜，大街小巷张灯结彩，一片灿烂祥和的景象，元宵节其实是灯的节日。梁简文帝曾写过一篇《列灯赋》：“南油俱满，西漆争燃。苏征安息，蜡出龙川。斜晖交映，倒影澄鲜。”这说明当时在宫廷已有元宵张灯的做法。唐代是我国封建社会的繁盛时期，在元宵节允许三天三夜通宵达旦地张灯、赏灯，《雍洛灵异小录》记载：“唐朝正月十五夜，许三夜夜行，其寺观、街巷，灯明若昼，山棚高百余尺，神龙以后复加严饰，士女无不夜游，有足不蹑地浮行数十步者。”此后，历朝历代的元宵节都保留了“观灯彩”的风俗，将“灯”在元宵节中的符号功能发挥到了极致。

元宵节的灯彩形态万千，有动物灯、人物灯、故事灯等。北宋吕原明在《岁时杂记》中记述了丰富多彩的元宵灯彩：“灯夕，外郡唯杭苏温华侈尤甚。自非贫人，家家设灯，有极精丽者。浙西大率以琉璃灯为主，苏州卖药朱家灯烛之盛，号天下第一。”可见，从古至今，灯彩的种类繁多，形态各异，江南地区尤为热闹，是元宵节最为耀眼、最为华美的篇章。在南宋时期，人们将各种灯谜写在纸条上，并贴于花灯之上，供游人竞猜，成为元宵节中饶有趣味的娱乐节目，这便是猜灯谜风俗。在民众看来，灯是光明、祥和、太平的象征，元宵节张灯、观灯的风俗表达了人们驱魔降福、祈许光明的民俗心理。

（二）包汤圆

汤圆，在江南地区又称为“汤团”。据记载，包汤圆风俗起源于宋朝江南地区，后流传到各地，成了特色的节日风俗。宁波地区的传统汤圆以黑芝麻为特色；苏州地区有特色的五色汤团；金华吃红糖、芝麻的蒸汤圆；上海地区在元宵节前几日，老字号的汤圆点会大排长队，不少家里也会自制汤圆庆祝节日。

（三）闹元宵

人们过元宵节的方式关键在于一个“闹”字，这突出了元宵节“普天同庆”“全民狂欢”的特质。闹元宵的风俗古已有之，唐宋皆有在书中记述。宋代诗人朱淑真在《元夜》中有“火树银花触目红，揭天鼓吹闹春风”的表述，也突出了“元夜”的“闹”。明代万历年间的《海盐仇志》直接叙述了闹元宵的盛况：“上元前后，里中年少合金鼓管弦为乐，曰‘闹元宵’，其乐有《太平鼓》等。”从以上记述来看，古人主要通过灯彩、锣鼓铙钹、金鼓管弦等来闹元宵，这些风俗不同程度地都传承至今。到现代，元宵节的娱乐方式更加丰富，如要龙灯、踩高跷、舞狮子、划旱船、打莲湘等，人们通过多种多样的娱乐和游戏来闹元宵、度佳节。

在江南地区，元宵节除了传统的上灯、赏灯等风俗外，还有敲团箕、照田蚕、迎紫姑神、走三桥等民俗活动。敲团箕：上海地区称元宵节为“正月半”，当夜，人们敲着团箕，唱着：“正月半夜敲团箕，黄狼（黄鼠狼）不衔鸡，抽伊（它）筋，剥伊（它）皮，烂脱（烂掉）黄鼠嘴沿皮。”这便是敲团箕的风俗，是民众盼望家禽平安的美好祈愿。照田蚕：朱震有《照田蚕行》曰“田蚕之烧有年例，欢笑且复同妻儿”；王鸣盛的《练川杂咏》也叙述“高点彩灯千百盏，年年此夕照田蚕”。元宵节中照田蚕的风俗体现了民众盼望家禽平安的美好祈愿，在江南广大农村地区广为流传。

三、传统节日的当代实践

自2004年起，长宁民俗文化中心每年都主办元宵节主题活动。十多年来不断优化调整表现形式和内容，在传承上灯、观灯彩等传统民俗活动的同时，还组织百姓制作汤圆、扎灯，并搭配众多民间艺术形式加以展示，突出了“闹元宵”的主题，树立了传统节日文化传承的标杆。

（一）结合传统元素，进行活动的社区模式创新

1. 上灯

上灯是长宁区北新泾地区传统的元宵文化特色，是有地域传统的项目。从2004年起，长宁民俗文化中心一直坚持组织当地市民群众做灯，第一年只进行了挂宫灯的活动，当时并没有人了解具体的上灯仪式怎样进行。后来长宁民俗文化中心请来了民间灯彩艺人，制作了3米高的大宫灯。宫灯在民俗中心的小院落里吸引了八方来客。在十几年前，民俗文化活动很稀少，也很少有单位制作彩灯，所以当时的上海电视台、《新民晚报》等媒体都进行了报道，这只大宫灯也被请到了中山公园、龙华寺等地进行展览。之后连续四年都在元宵节制作宫灯，宫灯的大铁架年后就放在仓库里，大宫灯成了民俗中心元宵节的标志特色，而且在大宫灯上，多年来吉祥图案装饰花纹不断翻新，这些图案和花纹也成为宣传普及民俗知识的重要手段。后来因为考虑到这种可移动大型灯盏存在公众安全问题，另外提前制作好的大灯笼在上灯仪式过程中缺乏动态感，便将上灯仪式所用的灯彩改良为上“拉杆式”的灯。上灯的过程配以各种道具的使用和《秦皇临阵》《开门红》《喜洋洋》等仪式音乐的播放，营造出一种庄重威严的仪式感，同时配以迎合节俗的演出，呈现喜气洋洋的节日画面。上灯是一个祈福的仪式，迎合了人们在新年里祈祷五谷丰登、金榜高中、升官发财的意愿。此外，灯还有“添丁”的含义，所以这项活动从一开始便吸引了众多民众的自发参与。

讲一个小花絮。2015年正逢羊年，在元宵节的上灯仪式上，长宁区文化局（现文化和旅游局）副局长马锦梅宣布仪式开始后，她便提议邀请在场年纪最大的属羊的老人来敲响上灯的锣，为现场观众带来吉祥如意、健康长寿。一位84岁精神矍铄的老人从人群中走上台，敲响上灯锣。老人非常开心，表示这个本命年过得与众不同，虽然已是晚上8点，老人家意犹未尽，回家拿来了很多糖果，在长宁民俗文化中心各个活动室分发。拿到老人家糖果的人，也享受到非常有意义的祝福。对于老百姓来说，这样一个上灯仪式凝结着他们的祈福祝愿，正契合趋吉避凶的民俗心理，传统风俗依然能

够给现代人带来心灵的抚慰和由衷的欢欣。长宁区的元宵上灯活动每年都热闹非凡，经过多年的探索，元宵上灯风俗在上海都市高楼林立的狭窄空间中做到了最大限度的复原。

2. 行街表演

行街也是非常传统的民间艺术形式，也称巡游，是各地节庆活动都有的项目。长宁民俗文化中心举办这项活动名之“行街”是取在中国普遍流行的民俗“民间正月十五十六走百病”和江南“走三桥”的民间风俗：在元宵节十五、十六月圆日多走路或者走过三座桥，意味着会增福添寿，能祛除百病。而且在长宁区的非遗保护项目“江南丝竹”的演奏风俗中，边走边演奏也是非常重要的元宵节表演内容。民俗中心的队伍中有舞龙、舞狮、大头娃娃、福禄寿三星、荡湖船、抖空竹、红绸舞、打莲湘、花伞舞等，最大规模的一支队伍有300余人。他们沿马路行进之时和群众进行互动。行街活动也是力图在城市中再现传统乡土文化中的元宵风俗氛围，以便传承闹元宵的节日文化传统。目前，由于场地限制和交通管制，长宁民俗文化中心尝试着将大规模的行街表演变成一种舞台表演的方式，如若商场条件允许的话，会在商场办一个小范围的行街活动，会有福禄寿三星送财、送福、送禄。这样的行街表演让元宵节更加丰满，满足了老百姓的节日文化需求。多年来，长宁区动员更多的社区居民参与到行街活动中，得到了广大百姓的积极响应。

传统的民俗在当代社会的发展中保留是不容易的。比如做大塔灯、行街等，都存在一定的安全隐患：如大塔灯的风力承受问题最为突出；再如行街队伍热闹，车和人越来越多，对于治安和车流的要求特别高等问题。这些都是传统文化在都市传承中遇到的困难。在这样有限的条件下，需要积极制定对策，既要保证传统的传递，又要保障现场的执行，不断在实践中进行调整和优化。

（二）充分体现群众参与特色

元宵活动延续春节阶段“群众欢乐过大年”的主题，充分调动了广大群众参与节日的积极性。比如，长宁民俗文化中心开展的扎灯活动，事先举办了扎兔子灯培训，策划了面向广大居民的手工培训、比赛和展览等，充分演绎花灯文化；再如，全民参与包汤圆、赠汤圆活动，让老百姓都能品尝到甜蜜的节日食品。对于已经习惯买花灯、买汤圆的百姓来说，能亲手参与制作，体验过程，享受成果，不仅增添了乐趣，更能让他们获得不一样的节俗感受。但是手工制作汤圆也存在食品卫生安全的问题，我们又联合手工艺人，探索以面塑的传统手工艺方式将汤圆变成艺术品，市民在参与制作的同时也可以把亲手制作出、饱含祈愿和祝福的汤圆艺术品带回家。

2008年行街表演

2013年群众老街微缩景观游览中

此外，民间手工艺DIY体验——剪纸“福字”、画脸谱“金牛”和“海宝”、做中国结、剪贴画等，老街微缩景观游览，评弹表演欣赏等节目，都体现了元宵节丰富的文化内涵。长宁每年元宵节的行街艺术表演，极具中国传统民俗特色，与当地风俗民情、民间传说、民间故事等紧密相连，表达了人们在元宵佳节的美好愿望。例如，2009年元宵节的舞蹈节目《欢天喜地闹元宵》、舞龙、舞狮等闹场节目，从海上年俗展一结束就进入了紧张的编导阶段。在内容编排上紧紧围绕闹元宵的节日主题，并且在动作设计上力求充分体现活跃、欢快的元宵佳节氛围。

2014年群众排队进场

（三）**联合社会力量，丰富群众体验**

民俗中心的元宵活动宗旨就是“闹”字，一切以百姓参与度、开心度、满意度为标准。活动式样多，不仅有观赏性的、体验性的，还有竞争性的、娱乐性的，以及体现出文化为百姓服务特色的活动。

长宁民俗文化中心还联合社会力量共同开辟文化服务领域新型的项目实际操作合作方式。比如，2006年的元宵节大型游园活动，就是由虹桥街道搭桥，与台湾普佰乐（上海）公司新虹桥中心花园联合举办的，活动经费一半以上由普佰乐公司承担，使活动规模和质量大幅度提升，在节约活动经费的同时，也让老百姓得到了更多的实惠。

附:

近年来长宁民俗文化中心元宵节活动主题及主旨

时间

2004年2月（农历腊月初一起）

主题

“欢乐长宁”元宵扎灯笼培训

简要回顾

当时的长宁民俗文化中心还叫作新泾文化馆，开风气之先河，开展民俗特色浓郁的元宵游园会，人们从现代都市的林立大厦中回眸看到传统的表演，老年人因怀旧赶到，年轻人因新奇驻足。2004年的扎灯笼培训从春节前持续到元宵节，不断有市民来要求学习扎灯笼。除了宫灯，还有人要求来学扎兔子灯。虽然各年龄层的人都有参与，但投入情感最多的还是中老年人，因为这些灯笼和场景是他们童年和青春的回忆。

新泾公园闹元宵

百联西郊舞台

时间

2005年2月23日

主题

2005闹元宵“金鸡报春”暨虹桥文化之春群众文艺周周演开幕式、长宁区群众文艺团队成立

简要回顾

在刚刚开业的百联西郊购物中心举办如此规模的群众文化活动，可以说是开了风气之先。购物潮与民俗特色突出的文艺演出叠加，在长宁民俗文化中心员工亲手制作的3米高的灯彩雄鸡灯引领下，场面宏大，热闹非凡。对于传统风情的行街和文艺表演中的乐器彩头，很多年轻人从未见过，都感到新奇异常，而许多年纪大的人也是多年未见，此情此景让他们仿佛回到了童年。

民俗乐器表演

时间	主题
2006年2月11日—12日	1."和谐长宁 欢乐虹桥 健康普佰乐"2006年虹桥公园长宁人民闹元宵活动 2."和谐长宁欢乐元宵"百联西郊送欢乐艺术团展演 3."欢乐上海闹元宵"上海市元宵节文艺演出

简要回顾

2006年党中央号召过传统节日，重视、复兴传统文化。也由于前一年元宵活动的影响力巨大，上海市群艺馆、区政府等单位让长宁民俗文化中心承办多场元宵活动。中山公园作为上海市闹元宵文艺演出的主会场，百联西郊延续上年作为群众文艺团队展演场地。如此，长宁民俗文化中心本就不多的运营经费显得十分有限，为了把元宵活动做得有规模、让群众过个热闹年，我们就找了普佰乐公司赞助，在虹桥公园搭起了大舞台。传统元宵活动再现，民族舞蹈和时装表演"吸睛"力度强大。在当时，上海其他地方还没有这样集中的元宵游园和传统民俗舞蹈表演，活动引起了媒体的大量关注。

和諧長寧 歡樂元宵
主办单位：长宁区文化局 新泾镇人民政府 百联西郊购物中心
承办单位：长宁文化艺术中 民俗文化中心 长宁区图书馆 长宁区“送欢乐”艺术团

’2006 欢乐上海一闹元宵文

时间	主题
2007年2月4日	“欢天喜地过大年，龙腾狮跃闹元宵”上海人民元宵游园会

简要回顾

随着非物质文化遗产保护工作的兴起，民俗节日得到了空前的重视。由于长宁是最早开展民俗节日文化保护的区域，上海市的元宵游园活动放在了中山公园，由长宁民俗文化中心承办。我们在中山公园设立了100名民间手工艺人参与的手工集市、200多名群众参与的大行街，现场人声鼎沸，热闹非凡。

上海人民元宵游园会表演

时间	主题
2008年2月7日—8日	“春盈四海迎福鼠，笑满八方闹元宵”2008年元宵会系列活动

简要回顾

当年最红火热闹的是百联西郊的行街和现场的猜谜语活动，宏大的三百谜题场面吸引了来逛街的人们争相猜谜并赢得奖品。

百联西郊表演现场

外国友人参加百联西郊行街

百联西郊表演现场

三百谜题现场

时间

2009年2月15日

主题

“迎春送福世博纳福”上海市迎世博贺新年送春联展示活动暨喜庆春联2009海上年俗系列展开幕式

简要回顾

这一年的元宵活动空前热闹。作为上海市的元宵主会场，写春联送春联是这一年的主题活动，上海市楹联协会、上海市书法家协会都到场给老百姓赠送春联。当时的市精神文明办主任马春雷等市领导到馆内为百姓送春联，加之迎世博的主题，场面非常热闹。

2009年元宵节上灯仪式

2009年元宵节日间彩排

2009年吉祥牛闹场

准备登台表演的人偶

放灯祈愿

时间

2010年2月13日

主题

2010 长宁民俗文化中心元宵节"民俗大世界"活动

简要回顾

传承"十三上灯、十五正灯、十八落灯"的民俗传统，长宁民俗文化中心元宵上灯活动从正月十三就启动了。这一年还被允许在市区放孔明灯，也是唯一以孔明灯形式上灯，之后因考虑环保和用火安全因素，就再也没有放过。这一活动吸引了长宁区人民群众广泛参与，共度传统元宵佳节，共创长宁世博旅游点。

小朋友赏灯

元宵节想学舞龙的小姑娘

元宵活动全景

时间

2011年2月15日—18日

主题

“玉兔报春岁月”新辛卯年闹元宵系列活动

简要回顾

正月十三上灯仪式场面宏大，福禄寿三星祈福闹场，吸引了很多观看的群众来合影留念，行街队伍从长宁民俗文化中心密匝匝的人群中穿出，从北渔路到剑河路再从天山西路绕回，更带回密集的人流。

时间

2012年2月4日

主题

“龙腾盛世耀华光”壬辰年长宁元宵系列活动

简要回顾

龙年对于每一个炎黄子孙来说，精神寄托不同往年。龙年元宵的上灯仪式，人群众多，把半条马路挤得水泄不通，穿成长串的红灯笼也宛若两条长长的巨龙缓缓升腾。而在民俗小院中则有琳琅满目的手工艺品。

时间

2013年2月22日

主题

“金蛇狂舞贺新春”2013年长宁元宵系列活动

简要回顾

2013年蛇年来临之际，长宁民俗文化中心举办“金蛇狂舞贺新春”春节元宵系列活动，主会场白天在百联西郊购物中心，晚上在长宁民俗文化中心馆内。在馆内举办的上灯仪式，表达了对金蛇年盛世的祈福，寄托了对幸福明天的憧憬，形成了积极、和谐的盛世蛇年氛围。另外，居民花灯大赛比赛结果也在上灯仪式上揭晓。

2013年元宵节

居民花灯大赛

温馨的一幕

艺术灯

溜溜球表演

时间

2014年2月14日

主题

“万马奔腾锦绣春”长宁百姓闹元宵系列活动

简要回顾

马年新春闹元宵系列活动有了创新——开展了文化活动“一票通”，即在“一票通”卡上展示有各项活动开展的时间地点。“一票通”对于到馆群众来说起到了指引牌的作用，除此之外，还可以表达和传递人们对亲友的美好祝愿，以及对美好生活的憧憬之情。

元宵游艺快乐大转盘——中奖啦

小朋友在与自己制作的小羊灯合影

时间

2015年2月13日

主题

“三阳开泰锦绣春”2015年长宁春节元宵系列活动

简要回顾

长宁民俗文化中心在百联西郊和馆内同时举办“三阳开泰锦绣春”春节元宵系列活动，传统项目猜灯谜、行街表演、上灯仪式一个都不少。另外，长宁民俗文化中心还助力程桥街道社区文化中心，开展了面对外国友人的闹元宵活动，内容有老上海叫卖表演，以及做中国结、捏面人、撕纸等民俗手工艺体验等。

2016年元宵节猜灯谜的人群晚上8点仍未散去

舞狮正酣

2016年活动卡

时间

2016年2月20日

主题

“金猴送福吉祥春”2016长宁元宵民俗系列活动

简要回顾

除了传统项目，本年的元宵节活动主要在开展面对社区群众闹元宵的活动内容上增添了“中国精神我的梦”春联书法展览幸运抽奖、民间文艺团队才艺展示及传统元宵灯谜等活动。

2017年灯光秀

2017年学做兔子灯的人特别多

2017年扎兔子灯的母子俩

时间

2017年2月9日

主题

"金鸡纳福锦绣春"2017年长宁元宵系列活动

简要回顾

又一个鸡年的到来，标志着长宁民俗文化中心的节庆活动坚持开展了12年。灯光秀成为这一年的特色；同时，以往做中国结、捏面人、撕纸等民俗手工艺体验参与者只是观看，如今，民间文艺团队的元宵行街表演、擂台赛等丰富多彩的活动观众都可以参与其中。

少儿春晚盛典，在幕后做预备的小朋友

时间	主题
2018年2月28日	“金犬旺福祥和春”2018年长宁元宵民俗活动

简要回顾

2018年狗年来临之际，长宁民俗文化中心的装修工程还未结束，所以今年的“金犬旺福祥和春”春节元宵系列活动：百狗图撕纸展就在虹桥文化中心举办。这次展览正好与虹桥文化中心年庆电影节、新春演出季等活动叠加，因此，丰富的活动内容吸引了大量年轻人来体验和写春联。另外，还在北新泾社区健身苑，开展了视犬识犬抽奖活动、捏面人、撕纸狗、兔子灯、猜狗狗、套狗狗、画狗灯等精彩纷呈的室外活动。

野畦春暖日迟迟，秦望山头景物滋。
田妇村童都结伴，桃花看到菜花时。

——时光弼《张溪竹枝词》

“采兰踏青”上巳节

农历“三月初三”这天是我国汉族的传统节日“上巳节”，俗称“三月三”，又有称“女儿节”的。上巳节源于古代的“祓禊”之祭，是祭祀和清洁、除灾除病的日子。后来，顺应天时的民风风俗逐渐形成，在保留消灾除病的诉求外，更多的娱乐形式也添加进来，“三月三”成为群体依水饮宴和郊外游春的日子。这个节日既是春季清洁保健的古俗，也是聚会交流情谊的风俗活动。虽然现代的上巳节逐渐淡化了祭祀的形式，但对于消灾除病的诉求一直延续，外出踏青的形式也逐渐兴盛。

一、节日简介

上巳节源于古代的“祓禊”之祭。祓是古代除灾求福之祭。《说文解字》释“祓”曰：“除恶祭也。”祓是祛除凶邪之气与疾病、祈求福佑与健康的巫事程序。祓祭在商周时期就已存在。《周礼》中的女巫之官“掌岁时祓除衅浴”，祓除是女巫的职掌之一。因为祛灾求福是人们的普遍信仰和心理需求，所以用以消灾驱邪的祓除仪式在古代也非常普遍和盛行。“禊”字出现较晚，应劭《风俗通义·祀典》曰：“禊者，洁也。春者，蠢也，蠢蠢摇动也……疗生疾之时，故于水上衅洁之也。”禊之意为洁。在阳气布畅、万物讫出的春天，人们易生疾病，因此要到水边盥洁，将疾病及不祥拂除干净。为什么必在巳日祓禊？按应劭的观点："巳者，祉也，邪疾已去，祈介祉也。"巳是福之意，在巳日祓除邪疾，祈求福祉。《后汉书·礼仪志上》亦曰："是月上巳，官民皆絜于东流水上，曰洗濯祓除去宿垢疢为大絜。"可见，这是到水边祓除，洗濯污垢与邪气的巫术仪式。古代一般把在三月上巳这天进行的临水祓除活动称为"禊"或"祓禊"。蔡邕曰："《论语》'暮春者……浴乎沂……'自上及下，古有此礼。今三月上巳，祓禊于水滨，盖出于此。"说明水滨祓除之俗由来已久。可以说，先秦时期的"祓"祭是上巳节的源流，而东汉出现的"禊"祭使上巳节成为一个固定的节日。

魏晋时期，上巳节成为贵族和文人临水饮宴的日子，逐渐形成"曲水流觞"的风俗。而到了唐朝，上巳节备受重视，皇帝这天要在曲江池宴请群臣，春游踏青和依水娱乐的节俗非常兴盛。唐代以后，风俗渐有衰败，上巳节逐渐和寒食节一起并入了清明节中，但消灾除病的诉求一直得以保留。到了元朝，外出娱乐的风俗又有所恢复。

二、江南地区节日风俗

（一）祓禊

东汉时期，三月上巳水滨祓禊的节俗逐渐形成，反映三月上巳祓禊的文献记载也大量出现。郑玄注《周礼·春官宗伯·女巫》"掌岁时祓除衅浴"云："岁时祓除，如今三月上巳如水上之类。衅浴，谓以香熏草药沐浴。"孟康亦曰："祓，除也。于霸水上自祓除，今三月上巳祓禊也。"

明代以后，江南地区产生了许多以水来清除浊邪的"方法"。如三月初二以桃叶浸井水服食，传说可治心病。三月初三取枸杞煎汤沐浴，能使皮肤光泽不衰。还有人于清明前取螺蛳浸水，清明后用螺蛳水洒扫墙角以防止屋内生虫。人们对这些方法的信任，大抵都承自上巳临水修禊的风俗。

（二）曲水流觞

魏晋南北朝时期，上巳节已由祓除灾气的巫术仪式演变为曲水流觞、娱怀骋情的民俗节日。吴自牧《梦粱录》记："三月三日上巳之辰，曲水流觞故事，起于晋时。"上巳节临水浮卵、水上浮枣和曲水流觞是三个重要的民俗活动，临水浮卵是将煮熟的鸡蛋放在河水中，任其浮移，谁拾到谁吃掉。临水浮卵应源于玄鸟遗卵，简狄吞之而生契的历史传说。晋以后，三月三浮蛋祈子的风俗又逐渐变异成"曲水浮绛枣"的形式。水上浮枣可以说是一种孕育巫术，取"枣子"的谐音，有早生贵子之意，所以枣也成为妇女祈子用的物品。《荆楚岁时记》："三月三日，士民并出江渚池沼间，为流杯曲水之饮。"建立在文学基础上的曲水流觞兴起，上巳成为晋朝所有节日中最具游乐意味的节日。

（三）春游赏花、逛庙会

上海地区民众在三月三有出游赏花的风俗。上海城西和城南有大片的桃花林。春天，盛开的桃花吸引大批赏花人。"登城日日步晴和，到眼明霞卷绛罗。万树桃花千斛酒，青帘挑处认西陀。"（《沪城岁事衢歌》，清·张春华著）在三月三，上海人除了赏花，还习惯逛龙华庙会；不仅赏花，还能礼佛享受游逛庙会的休闲生活。

（四）吃蒿子粑

蒿子粑粑又称蒿子粑，是上巳节以及清明节的汉族民俗小吃之一，是我国南方的特产小吃。其做法由传统江南青团衍生出来，流行于长江以南地区。每年农历三月三日吃蒿子粑，是长江以南一带汉族民间传统风俗。据传，三月三是一切亡灵的节日，这一天家家户户吃蒿子粑，为的是纪念死者，同时祝愿人人健康长寿，不为邪恶所侵。据说，吃了三月三的蒿子粑粑，进山劳作、出门办事就不会被蛇咬伤，而且一路平安，凡事吉祥。

三、传统节日的当代实践

长宁民俗文化中心自2014年开始组织上巳节活动以来，在保留传统节日形式的基础上，充分考虑都市人群的参与度，演绎"祓禊"之祭，引发新节日风俗：节约水，保环境，爱清洁，讲卫生，不生病。通过多样的活动体验，传达消灾除病的情感诉求。

上巳节的节俗活动，起初并不是长宁民俗文化中心主动要去做的，而是来自民间自发的力量——青年文化社团汉服社发起创办的。汉服社的成员们在农历三月三举行了穿汉服、恢复汉族节俗曲水流觞的活动。长宁民俗文化中心本着为社团提供一个更广阔的展示平台的目的，积极支持和推动民间自发形成的活动，扶持和规范节俗活动，于是从2014年开始承办农历三月三的上巳节节庆活动。

（一）恢复节日核心元素，重建都市新风俗

上巳节是一个在当代几乎已经消失的节日，早在唐宋时期，上巳节的部分风俗就和寒食节一起汇入了清明节。作为古人迎接春天的第一个节日，上巳节对当代都市民众来说无疑是非常陌生的。之所以要在民俗中心举办上巳节活动，一方面是传承古代节日文化；另一方面是在暮春之季，恢复古代的祓禊仪式，为市民祈福祛病，同时又把寒食节的部分节俗和清明节的吃青团风俗融合进来，让人们在享受春光的同时能得到美好的祝福。

1. 复原祓禊仪式

在场景布置上，复原古祭祀礼的场景——供桌、香炉、烛台、供品等，在水井舞台四周插有柳枝。通过事前征集，挑选群众扮演执掌仪式的巫女，在长宁民俗文化中心院内的水池旁边为市民举行祓禊仪式，取其临水之意。祓禊过程为：念祝祷词，恭迎巫女出场，巫女着华服，手拿柳枝；市民依次上台，向巫女鞠躬，巫女用手中的柳枝在水面划过后，点在市民头顶部，取柳枝辟邪之意；接受完祓禊仪式的市民可以领取青团食用，这也是食用蒿子粑传统的延续。

2. 增加古代游戏体验

在活动设计上，复原了古代游戏。如射箭、投壶等，并注明游戏的意义。古人的曲水流觞用当代的击鼓传花来代替。

3. 节日知识传播

为了普及上巳节的文化知识，特别邀请上海市民俗文化学会会长做了题为《谈谈上巳节与寒食节清明节之关系》的学术讲座，从理论上阐明了上巳节发展的源流。

（二）联合其他区域特色活动，增强体验感

2015年的上巳节活动，结合沪语大赛，丰富了活动内容。上巳节活动当天，也是上海市沪语大赛举行的日子，两者融合，既增加了节日的当代意义，也向沪语大赛的参赛选手宣传了节日的内涵。此外，还根据三月三的“沐浴”之意，宣传了保护和节约水资源的重要性。

同时，根据三月三也是女儿节的传统风俗，组织了旗袍展览、旗袍秀、少数民族服装秀和舞蹈，以突出活动主体的女性身份。参与的主体呈现出了多样性：不仅有市民，还有上海日本研究中心组织的日本留学生。这样的安排，结合了上海地域特色，增强了都市人群对传统节日的亲切感和参与度。

上巳节是一个古老的节日，后被逐渐融入清明和寒食之中，清明节的踏青风俗其实就来源于上巳节。上巳节在当代的知晓度并不高，这给节日活动的宣传带来了一定的困难，很多参与上巳节活动的群众纷纷表示自己之前并不知晓这个节日。长宁民俗文化中心结合节日自身特点，创造性地把它变成节水宣传周，并配合“三八”打造女生节，是对于传统节日之当代实践的有意义的探索。

附：

近年来长宁民俗文化中心上巳节活动主题及主旨

节俗讲座

日本朋友的提问

日本男子参加祓禊仪式

长宁心明乐团（盲人）排练引起上巳活动参与者的关注

时间

2014年3月30日

主题

“踏青采兰曲水流觞”甲午上巳节活动

简要回顾

甲午上巳节是在长宁民俗文化中心活跃的汉之音青年汉文化社团自发形成的活动。这一年恰逢日本朋友来访参与，特别邀请了华东师范大学博士生导师仲富兰开展讲座介绍节俗，同时举办了祓禊仪式，请参与者品尝寒食。活动当天正巧遇盲童乐队排练，悠扬的民族音乐恰成为中日年轻人连接的纽带。

时间

2015年4月18日

主题

“侬好上海沪语大世界”三月三上巳节民俗体验活动

简要回顾

2015年三月三恰逢与多家媒体共同举办沪语推广活动，所有活动内容都以沪语为基本语境。这一年祓禊仪式吸引了近200人参加，扮演水神仙女的姑娘赤脚在舞台上站立了两个多小时，大家都夸奖她很敬业、很优秀。

↑ ← 沪语节目表演

↓ 小朋友在听沪语讲座

精彩的汉服表演

2016年祓禊仪式

时间

2016年4月9日

主题

聚在长宁，述说被岁月覆盖的告白

简要回顾

汉服社团以舞蹈和节俗仪式演出的方式述说着被岁月覆盖的节日风俗，融入了青年对汉文化的热爱之情。

↑ 2017年祓禊仪式

↓ 2017年3月31日正值上巳节日之际，民俗中心到上海大世界庆祝重新开放演出现场

时间

2017年3月30日

主题

上巳雅集 佳人有约

简要回顾

2017年的上巳节在3月30日，但是从25日开始活动就热闹红火地开展起来了，除举办传统的上巳活动和青年团队才艺展演，还举办了上海市书法家协会副主席宣家鑫先生的海派书画收藏展现场讲座，几项活动叠加吸引了大批年轻人参与。同时，为迎接上海大世界停业13年后重新开业，“复出”变身非物质文化遗产中心，在3月31日上海大世界开放日前，长宁民俗文化中心的大多数员工都在大世界现场彩排。从开放日起连续三天在大世界进行连场演出，收获了众多粉丝。

汉之音表演者在朗诵节日祝词

上巳节当天书法家协会副主席宣家鑫举办海派收藏展及海派书画欣赏讲座

在上巳节开业的上海大世界，民俗中心行街表演队在开幕式上表演

准备表演的小朋友

等待糖画的小朋友和家长

时间

2018年4月15日

主题

“我和春天有个约会”长宁民俗上巳文化行

简要回顾

2018年秦汉胡同教育机构的家长和学生自发组织了上巳节活动，把很多老师也动员了来参加。在电子游戏盛行的今天，民乐演奏、团扇绘画、脸谱绘画、手工艺人的糖画，还有传统游戏“投壶”纷纷在活动中崭露头角，许多小朋友都未体验过，他们带着好奇心，玩得非常投入，有的小朋友还邀请了自己的外国朋友来参加。

父母陪同幸福满满

上巳节过后，天气渐渐热起来，画个扇子是节日里受欢迎的活动

表演古筝的学生

小朋友和家长在学习舞蹈

第五章 端午节

淞南好，重五闹龙舟。
破浪快船夸技勇，凌风画舫斗歌喉。樯火照江楼。

——杨光辅《淞南乐府》

“民俗风 端午情”端午节

中国农历五月初五为端午节，也被称作端阳节、重午节、天中节、夏节、五月节、菖节、蒲节、龙舟节、浴兰节、女儿节、地腊节等，名字非常多，各地风俗差异也比较大。端午本是夏季驱除瘟疫的节日，后来逐渐演变为纪念历史人物屈原的节日（也有纪念伍子胥、纪念曹娥之说），广泛存在着吃粽子、划龙舟、饮雄黄酒、佩戴荷包等民间风俗。端午节受重视有很多原因，例如从农时上说，北方的春耕、南方的夏种都刚刚完成，疲劳的身心需要一次放松；从气候上说，此时节全国各地的气温都较为舒适，诸种原因使得端午节成为全国各民族民俗节日中最为广泛和普遍的节日之一。

一、节日简介

古人五月有采摘兰草，并以兰草汤沐浴、除毒的风俗。《大戴礼记·夏小正》中记载：“五月……煮梅为豆实也，蓄兰为沐浴也。”这种风俗一直流传至唐宋时期。因此，端午又被称为浴兰之月。

汉代人认为农历五月五日为恶月恶日，是不吉利的象征，甚至有“五月到官至免不迁”“五月盖屋令人头秃”的说法。对这种观念的反映最突出的例子就是“不举五

月子”之俗，即认为出生在五月五日的婴儿命硬、不祥，人们不愿意抚养这天出生的孩子。为应对恶气，就相应出现了插菖蒲、艾叶，熏苍术、白芷，以及喝雄黄酒来驱鬼避疫的行为风俗，以期消除不吉。为了避“端五”的讳，民间便改称之“端午”。

民间流传的端午起源与历史人物相关的比较普遍的说法有三种。流传最广的传说是为了纪念战国时期楚国政治家、诗人屈原，他作为士大夫，实行政治改革的主张未能实现，被贬官流放。后来楚国灭亡，屈原于五月初五投汨罗江而死，传说人们为了防止江中的鱼吃屈原的遗体，划船向江中投放食物。之后逐渐演变，就形成了每年五月初五人们划龙舟、吃粽子的节日活动，并固定沿袭下来。第二种是很多地区的人认为端午是为了纪念春秋时期的楚国人伍子胥。吴王阖闾死后其子夫差继位打败越国，越王勾践请和，伍子胥建议应该斩草除根彻底灭越，夫差听信谗言将伍子胥赐死，并以皮革裹尸于五月初五投入江中，人们爱戴伍子胥遂以端午节纪念他。在江浙一带还有“纪念孝女曹娥”一说。曹娥是东汉上虞人，父亲不幸溺死江中，数日不见尸体，年仅14岁的曹娥昼夜沿江号哭，过了17天，在五月初五也投了江，又过了5天抱着父亲的尸体一起浮了上来，就此传为神话，后人传颂 。

闻一多先生在《端午考》和《端午的历史教育》中指出，五月初五是古代吴越地区“龙”的部落举行图腾祭祀的日子。也有学者主张端午起源于夏至日。不论发源如何，端午节吃粽子、划龙舟、佩戴荷包、饮雄黄酒等风俗逐渐稳固下来，形成了今天我们能够看到的风貌特征，成为当代中国人节日生活的重要组成部分。

二、江南地区节日风俗

端午节风俗内容丰富，包括活动、游戏、装饰、信仰、饮食等多方面。各区域又因为与当地文化结合，风俗有所差异，江南地区亦形成了特色端午风俗。

（一）划龙（凤）舟

龙（凤）舟竞渡是存在最广泛，也最具代表性的端午节风俗之一。一般竞渡前，都要先请龙、祭神。程序包括点香烛，烧纸钱，供奉鸡、米、肉、供果、粽子等食品，以祈求农业丰收、风调雨顺、去邪祟、攘灾异、事事如意，也保佑划船平安。凤舟源于远古的乌舟、鹢舟。古代宫廷中有凤阿（如《天府广记》中记明代宫廷便有），民间有凤船竞渡。有的地方还有将龙凤特征结合在一起的龙凤船。除了比赛速度、展示花样划法以外，龙舟还包括其他一些活动内容。比如，龙舟游乡，即在龙舟竞渡时划着龙舟到附近熟悉的村庄游玩、集会。

上海是典型的江南水乡，每逢端午，水上活动异常精彩。旧时上海人称赛龙舟为竞渡。上海郊区，如闵行、嘉定汇龙潭、松江白龙潭、南汇大团等处都有竞渡之戏。有善杂耍者，身束青龙绦，装载各种器械，乘一种“快船”，往来穿梭于各龙舟之中，更番演绎技艺。如杨光辅《淞南乐府》咏端午龙舟：“淞南好，重五闹龙舟，破浪快船夸技勇，凌风画舫斗歌喉。樯火照江楼。”后因浦江泊船日多，水势凶险，此俗渐衰。除龙舟赛之外，人们还把小船用彩旗装扮起来，人站在船上唱歌、对歌，再由众人评定：哪条船装点得最好看，谁的歌唱得最好听。

（二）拴五色线

应劭的《风俗通义》记载：“五月五日，以五彩丝系臂，名长命缕，一名续命缕，一名辟兵缯，一名五色缕，一名朱索，辟兵及鬼，命人不病瘟。”五彩丝指的是红、黄、蓝、白、黑五种颜色的丝线合并拧结成的缕索。中国古代崇拜五色，以五色为吉祥色。因而，端午节的清晨，家家户户的大人起床后第一件大事便是在孩子的手腕、脚腕、脖子上拴五色线，为儿童佩戴五色线是为了达到避开蛇蝎类毒虫伤害的目的。这种风俗的产生，一方面源于对健康的祈愿，另一方面与古代医疗条件差、儿童存活率低等现实因素有关。

（三）制作、佩戴香囊

端午还有佩戴香囊的风俗。民间有用碎布做内胆，用五色丝线缠绕表面而成的香囊；也有用彩色布料或丝绸缝制成特别的形状的。香囊内部装有中药香料，佩戴在胸前。陈元靓的《岁时广记》引《岁时杂记》说，有一种"端五以赤白彩造如囊，以彩线贯之，搐使如花形，或带或钉门上，以禳赤口白舌，又谓之搐钱"；以及另一种曰"蚌粉铃"："端五日以蚌粉纳帛中，缀之以绵，若数珠。令小儿带之以吸汗也。"这些随身携带的袋囊，填充物几经变化，后发展成装有各式香料的香囊。制作也日趋精致，成为端午节特有的民间工艺品。

戴香包（香囊）也颇有讲究。老年人为防病健身，一般戴梅花、菊花、桃子等形状的香包，象征着鸟语花香、万事如意、夫妻恩爱、家庭和睦；儿童则戴飞禽走兽类的香包；年轻的恋人还以互赠香包作为情感的表达。旧时家家户户都是自己做香包，还会比较谁做得更好看、精致、有巧思。

（四）挂艾草、菖蒲

南北朝时期，端午又称"沐兰节"，起初是荆楚一带有采艾的风俗，当代很多地方仍然留存这种风俗。艾与菖蒲中都含有芳香油，它们和蒜一样都有杀菌作用。因此，艾、蒲和蒜也被称为"端午三友"。这种利用天然植物的医疗作用进行保健的方式，凝结了古代中国人追求健康长寿的观念和遵循自然的智慧。江南有些地区，会在端午节前把菖蒲切碎，拌上雄黄，浸入酒中，以备节日饮用。过去端午节，上海人将钟馗像悬挂于门口，也是这种辟邪风俗的演变。还有在儿童额上点雄黄酒，类似于祛鬼禳魔的风俗，节日一早，妇女们便在儿童耳朵处夹上艾蒿，头上戴好菖蒲，然后用雄黄酒在额上写一个"王"字。据说，这样可使百鬼畏惧，保命长生。

（五）端午食俗

最早出现的端午节食，应该是西汉的"枭羹"。《史记·武帝本纪》裴骃集解，引如淳言："汉使东郡送枭，五月五日为枭羹以赐百官。以恶鸟，故食之。"这种食物没有固定下来。在晋朝，一种叫作"龟"的食物也曾昙花一现。比西汉稍晚的东汉就出现了端午吃粽子的现象，《风土记》载："五月五日，与夏至同，……先此二节一日，又以菰叶裹黏米，杂以粟，以淳浓灰汁煮之令熟。"吃粽子的风俗后来附会于屈原的传说，逐渐成为最受人欢迎的端午节食。每到端午时节，上海人家家户户都自己亲手包粽子，没有馅的是白米粽，吃时蘸绵白糖。糯米与其"兄弟"赤豆混作一团的叫赤豆粽，还有包精肉的肉粽和包蛋黄的蛋黄粽。

端午除了吃粽子，还要吃"五黄"和"三白一红"。"五黄"指黄瓜、黄鳝、

黄鱼、咸鸭蛋黄、雄黄酒等五种带“黄”字的食物。“三白一红”指茭白、咸鸭蛋蛋白、白切肉和苋菜。端午节时，阳气才开始抬升，百虫开始活动，邪气很盛，古人就采取一些方法健身、辟邪、驱虫，吃三白就是其中的一种方法。

端午饮雄黄酒的风俗一度极为盛行。雄黄是一种俗称“鸡冠石”的矿物质，主要成分是硫化砷，含有汞且有毒。通常食用的雄黄酒，是在白酒或黄酒中加入了微量的雄黄。雄黄酒有杀菌、驱虫、解五毒的功效，中医常用来治疗皮肤病。在没有专业医用类消毒剂的时代，雄黄酒便担当了祛毒解痒的重任。儿童不能直接饮酒，则由成年人代为在他们的额头、耳鼻、手足心等处涂抹雄黄酒，用以消毒防病，虫豸不叮。

此外，端午还有采药、采茶、除五毒、斗草、立蛋等风俗，因各地自然资源、人文环境不同而各有所异。

三、传统节日的当代实践

端午节历来都是重要的节日，2006年5月20日，端午节俗经国务院批准被列入了中国第一批国家级非物质文化遗产名录。2009年9月30日，中国“端午节”又被列入了《人类非物质文化遗产代表作名录》，成为中国首个入选世界非物质文化遗产名录的节日。自2008年开始，端午节还正式成为国家法定节日，假期给了人们更多的时间和机会来好好品味节日的气息，提升了端午节在人们日常生活中的影响力。

长宁民俗文化中心以端午节为契机和重点，开展了内容丰富、形式多样、参与广泛的节俗活动。端午这个节日在我国影响十分深远，节日内涵丰富。开展端午活动旨在展示中国民俗文化艺术，宣传非物质文化遗产，丰富市民文化生活，同时还包含着爱国主义教育、敬孝长辈等精神文明建设，端午节节俗内容充实、寓教于乐，而且这个时间段气候宜人，处于学生的课程中期，没有考试等学业压力，所以活动能够吸引大批市民和学生参与体验。随着端午活动的广泛开展，长宁民俗文化中心成为社区节俗文化活动举办的标杆，创新型活动方式也使传统节日焕发了新的光彩，坚持开展“民俗风 端午情”活动，有以下特点和经验。

首先，最突出的是促进了“非遗进校园”“非遗在社区”活动普遍开展。2005年率先探索如何在社区开展端午节活动。提到端午节首先想到了香囊、粽子和龙舟。社区里办包粽子学习班，制香囊、编蛋套都不在话下，但是端午缺了龙舟总还是一个遗憾，民俗中心群众文化干部们想出了“旱龙舟”的创意：用扎灯笼的传统技法，制作出旱龙舟，有龙有桨，10米长的龙船由8~10个人挑在肩上，手持木桨行走表演，庞然大物突然出现在街道上，好不热闹。这是个好的开端。之后因为大的龙舟在马路上行进对交通的影响非常大，所以改成2人划桨的小的旱龙舟。端午游艺形式多样，吸引了多所校园参与，还与大学生的社团活动相结合，与青年人的创意头脑相协作，激发出无限的想象力和乐趣。另一方面，利用本单位的活动场地，开创性地设计了很多小游戏，活泼地演绎了传统节日的文化内核，为社区居民提供了不一样的过节思路，让人们过节的时候多了一个可选择的去处：老人感受到家庭的温情，中年人得以放松疲惫的心情，孩子们则在游戏中学习了传统节日的相关文化知识。

华东师范大学学生节俗表演

为华东师范大学学生点雄黄酒

华东师范大学师生合影

其次，丰富了节俗形式，强化了节日体验。端午节拥有许多被广泛熟知的节日风俗，如吃粽子、扎五彩绳、点雄黄酒等。但随着生活节奏的加快，人们对于传统节日的庆祝，受时间、精力的限制，形式逐渐简化，节日仪式感趋弱，这使得孩童对于传统节日的了解和理解也相对浅显。长宁民俗文化中心立足于保持传统节日原汁原味的节俗内涵和精神特点的基础上，创新性地将节日与庙会、展览，以及交互体验活动相结合，创造了许多新的小游戏和新的手段，使市民在参与游戏、观看演出的过程中学习到了新的知识，也增加了生活的情趣。

从2006年第一次“中国文化遗产日”开始，长宁民俗文化中心此后每年举行端午节系列活动时几乎都与非遗展示结合。如邀请手工艺代表性传承人向参观群众展示包粽子技艺，并邀请市民进行体验，举办包异形粽比赛；教学相结合，体验制作荷包、香囊的技艺；开展与立夏相关的斗蛋、斗草等传统活动；专人扮演屈原，并在长宁民俗文化中心入口处等为人们点雄黄酒，以保佑身体康乐，渲染节日气氛；开设除五毒的游戏，让人们用小球投掷蛇的头部，以求除去五毒、平安顺利……

小朋友制香囊

市民参与体验包粽子

报名处

比赛中

长宁民俗文化中心还首创了旱龙舟比赛。在现代都市的水泥地面上，要呈现端午赛龙舟存在一定困难。因此，保留赛龙舟精神内涵，又要用创新的形式将活动演绎出来，就成了难题。在分解赛龙舟活动后，我们依旧保留了一些核心元素，如“船”的形式，团结协作、互相竞争的精神内核等。于是我们照着龙舟的形式，运用民间扎灯笼的手艺，把原来的10米旱龙舟改成了小巧的比赛型旱龙舟。最开始的设计是由2~3名表演人员手提拎把，利用跑动动作模拟拿桨划船的动作形态。为表

龍門

现龙舟比赛团结一致的精神，还制作了特殊的“三人同穿”拖鞋，步调必须一致才能走动起来，相当于常规体育比赛中的“两人三足跑”。后来又有了划旱龙舟比赛，参赛者分组，争夺第一名的好彩头，围观群众呐喊助威。在热闹的比赛中，参与者相互协作、共同奋斗，开开心心地将端午节活动推向了高潮。

端午行街表演是端午活动的重要内容。除了对于传统行街风俗的呈现以外，长宁民俗文化中心还有一支独特的行街队伍。演员们扮演成菖蒲仙女和屈原，还有白娘子、小青、许仙和法海等端午民间故事人物，边走边演。每年的行街表演都热闹非凡，工作人员为了增强互动性，还发动观看表演的社区居民参加演出。70多岁的冯金刚老先生从最初的拒绝，到答应尝试，再到精心琢磨角色，最终他享受和爱上了表演。老先生身形瘦削、神情儒雅，站在工作人员制作的道具上稳如泰山，颇能展现大诗人、大政治家的气质和抱负，非常出彩。

2009年端午“水漫金山”故事演绎行街表演

端午活动还特别注意体现海派都市气质，将当年的都市热点与文化活动相结合。作为专业的文化活动策划、组织、举办单位，长宁民俗文化中心的工作人员不仅具有专业的展会组织经验，更有与时俱进的先进意识，将节日活动与日常发生的大事、热点结合起来，避免了每年出现同样的节日活动，以及单一化、机械化的尴尬。在多年的端午策划中，长宁民俗文化中心结合文化遗产日的主题，邀请专家、教授，如著名学者郑志学、仲富兰等，举办了一些颇受欢迎的知识讲座。2009年的端午民俗周系列活动，与迎世博400天倒计时结合在一起，动员全体市民参与到迎接世博的行动中，更好地展现了上海市民的主人翁精神。2011年的端午节，组织了对《非遗法》的知识宣传和学习。这不仅从理论上武装了文化工作者，也为非遗走向普通人的生活铺设了一条道路。在平时的展示中，长宁民俗文化中心也特别注重对长宁区拥有的非遗保护项目的展演和宣传，对推进非遗工作起到了重要的作用。

与海宝共舞

在结合丰富的端午节节俗体验的基础上，长宁民俗文化中心利用场地优势，分成饮食、表演、体验等不同的功能区，配以丰富的庙会内容、老街展示、电影展播、戏曲演出及文化展览，将节日风俗与市民文化生活结合起来，将民俗中心的活动办成市民节日的盛会。如在2014年的端午活动中，就推出了推铁环、竹蜻蜓、大头娃娃敲锣竞赛等趣味活动，舞龙、抖空竹、太极扇等体验活动，摄影展、十二生肖展、传统节日展、中国结制作展等展会，小吃品尝、茶道表演、曲艺表演，以及民间艺人带来的剪纸、皮影、捏面人、糖画展示等。这些活动都非常受欢迎，许多前来游玩的市民纷纷表示来长宁民俗文化中心过节，已经成为习惯和期盼。

联动社区，和谐家庭。长宁民俗文化中心将活动举办的关注点放在更好地服务社区居民身上，因此常常与社区联合举办活动。如2013年端午节，与北新泾街道社发科合作，配合街道社发科进行“市民文化节”社区日活动。2012年的六神艾叶端午民俗体验周，有北新泾党员服务中心、虹桥街道、青少年社工站、天山街道、仙霞街道、青聪泉儿童智能中心等多家单位参与。

家是整个社会最小也是最重要的核心单位，父母子女关系的和谐、稳固，有利于社区的安定祥和。端午节一般在6月，因此长宁民俗文化中心还开创性地将端午与六一结合起来，设计出很多互动性强、参与度高的游戏，邀请家长与孩子来共同完成。如2014年开展了香囊手工艺亲子DIY制作活动，这个活动重视家庭的参与性，父母与孩子在活动中共同发挥想象力，不仅锻炼了动手能力，而且在互动中增强了家庭的温馨感；2012年，民俗中心举办了外国家庭端午知识大赛，邀请外国家庭参与知识竞答，普及节日相关知识；2010年，邀请市民以家庭为单位参与“世博荟萃展风采 抛粽赛舟抖精神”等游戏，人们在欢快的氛围中度过了一个美好的端午节。

注重传统节日的校园传承。长宁民俗文化中心端午活动还有一大特点，就是积极地融入大学生的文化生活中，与东华大学、华东师范大学，以及一些大学生活动团体建立了广泛而深厚的合作关系，也积累了一系列极其成功的活动组织经验。2008年，行街表演在华东师范大学的学生中取得了前所未有的成功，被称为“史上最牛校园端午节”。学生搭建展台，把自己的手工艺品拿出来进行展示义卖，包括草鞋、草编、布袋、手工艺品等；还分设了很多赛场，有长宁民俗文化中心的老师专门教学生做香囊、包粽子，有围绕屈原诗人身份开展的赛诗会，还有传统文化爱好者组织的汉服展示和表演。2014年东华大学第二届留学生中国文化节，将端午节日活动与东华大学的外国留学生文化节相结合，既丰富了大学生的学习生活，也生动地向外国人宣传了中国特色文化……长宁民俗文化中心每年还组织很多非遗传承老师进校园，教学生舞

六神艾叶端午民俗体验周

六神艾叶端午民俗体验周活动中的外国友人

龙、舞狮、打莲湘，感受江南传统文化。长宁民俗文化中心连续多年参与华东师范大学校园文化建设活动，举行端午游园、传统戏曲人物Cosplay（法海、白娘子、屈原等）、短剧自导自演等，取得了良好的效果，甚至成为学校每年的保留节目，形成了新的校园文化。微信普及后，校园端午行街表演有了一些新面貌。学生参与行街表演的目的不再是单纯为了参与民俗活动、进行节日祝愿，而是更热衷于相互拍照、互发朋友圈，虽然程式化表演训练难度在增大，但是学生的自由发挥度增强了。这在一定程度上表现出传统节日的“展演性”和“娱乐性”在增强。

Cosplay——法海

Cosplay——白素贞、小青

Cosplay——屈原

附：

近年来长宁民俗文化中心端午活动主题及主旨

时间	主题
2005年6月11日	端午民俗活动

简要回顾

这是长宁民俗文化中心第一次举办端午民俗活动，仓促之下并没有活动主题，当然，端午就是主题。活动在刚刚开业的淞虹路易初莲花商场附近的空地和新泾公园举行。当时社会上民俗活动很少见，而新泾第三小学的学生人数众多，三角龙旗烈烈，整个队伍显得生机焕发；刚刚参加上海市活动归来的60多人的莲湘队十分壮观，鼓乐声起，围观者众多。

包粽子体验

包粽子体验

制作龙舟

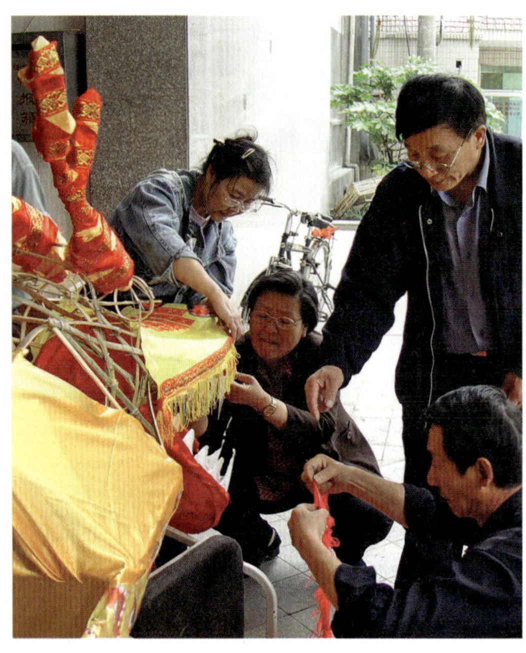

连心粽

时间

2006年5月28日

主题

“盛世民俗风 长宁端午情”第二届长宁区百支团队庆祝展演活动

简要回顾

这一年的活动把端午节与长宁区社区团队展演的活动结合在了一起，全区10个街道（镇）的近百支群众文化团队聚集中山公园，在音乐广场大草坪举办了隆重的展演活动，舞蹈、合唱、戏曲、行街表演形式丰富，参加游园的游客驻足观看，叫好声此起彼伏。

行街表演

端午情 民俗风
长宁区第二届百支团队展演
粽

端午情 民俗风
长宁区第二届百支团队展演

端午情 民俗风

⬆ 文化遗产博览会与端午的结合

⬇ 端午集市

时间

2007年6月15日

主题

“民俗风 端午情”行街展演

简要回顾

当年的活动在新泾镇百年学堂适存小学举办，以中华民族传统节日——端午节为载体，传播端午节民俗文化，开展“八荣八耻”宣传活动，展示民间艺术魅力，发扬以热爱祖国为荣的精神，促进社会和谐、进步和发展。再现爱国诗人屈原形象。

➡ 包粽子

➲ 端午民俗迎奥运

➲ 琳琅满目的手工艺品

时间

2008年6月7日

主题

五月粽飘香 百姓乐端阳

简要回顾

营造欢乐祥和的传统节日氛围，在端午期间，为百姓提供民族民俗文化活动，弘扬传统文化、传承民间艺术，共创长宁美好家园。举办了包花样粽子比赛。这个比赛包出了四角粽、三角粽、枕头粽、书包粽、小脚粽等不同造型的粽子，很多年轻人没有看过更没有吃过，开阔视野的同时也惊叹民间风俗中蕴含的艺术元素。

时间

2009年5月24日

主题

迎世博 民俗风 端午情

简要回顾

通过馆内北渔路民俗特色街端午活动和馆外民俗进校园华东师大端午活动，继承民族传统，共度祥和端午，体味文化魅力，共赢精彩世博。在广场上摆出了民俗特色手工艺品摊位，热闹非凡。

馆内民俗乐器表演

华东师范大学内学生表演

馆内群众文艺团队表演

馆内旱龙舟比赛

时间

2010年6月12日

主题

民俗风 端午情——世博荟萃展文化 斗蛋赛舟抖精神

简要回顾

6月12日是我国第五个“文化遗产日”。本着“非遗保护，人人参与”的主题，积极推进非物质文化遗产保护与传承，大力弘扬中华民族优秀传统文化，提升全社会的非遗保护意识。活动在长宁民俗文化中心举办，同时，长宁民俗文化中心作为上海世博巡演单位，在杨浦、虹口、普陀等市区绿地、公园巡回演出。

时间

2011年6月6日

主题

传承民俗风，凝聚中华情

简要回顾

2011年6月1日是《非遗法》的颁布日，华东师范大学端午活动提前到5月28日举办，而且从25日开始，每天下午3点开展行街及演出的培训活动。当年宣传的力度非常大，参加演出的学生就达200人。现场也非常热闹，很多学生都是下课直奔演出现场。端午节当天在长宁民俗文化中心也举办了非常隆重的"民俗风 端午情"暨《非遗法》宣传活动。

鱼造型龙舟

时间 **主题**

2012年6月19日 **传承民俗风 凝聚端午情**

简要回顾

2012年除了常规的端午民俗品牌活动以外，还有六神花露水生产厂家冠名赞助的“民俗风 端午情”活动，因此在当年的活动中，特别依据艾叶花露水的商品包装设计了艾叶香囊。这个香囊十分美观，广受欢迎。为了赶着剪制作为艾叶香囊的材料，剪子在当天钝了又磨，磨了又钝，换了几个人，拿剪子的人手都起了水疱。

Cosplay

时间

2013年6月8日

主题

文化遗产日 非遗进校园——端午游园会

简要回顾

华东师范大学开展端午游园会，展示的是端午节的渊源。学生和传承人一起制作的非遗手工产品，扩大了民俗节庆活动在学生中的影响力，使更多的年轻人能够了解中华民族传统风俗。积极推进非物质文化遗产保护与传承，大力弘扬中华民族传统优秀文化，提高全社会非物质文化遗产的保护意识。

时间

2013年6月8日

主题

宜居北新泾 欢乐端午行

简要回顾

民俗传统的互动体验、民俗文化的参观欣赏、群众文化团队的才艺展示，让社区居民度过了一个欢乐祥和的节日。

听讲座

体验赛旱龙舟

体验包粽子

时间

2014年6月1日

主题

民俗风 端午情——非遗亲子体验活动

简要回顾

举行非遗日系列体验活动“六一·端午”民俗体验日，为来馆群众发放体验卡片，凭借卡片可以参加旱龙舟、抛彩粽、制香囊、包粽子、戴五彩线等六项民俗活动，同时还可以听讲座、参观老街、听故事会等。孩子们都觉得非常充实。

活动报名点

时间

2015年6月20日

主题

“民俗风 端午情”上海市民文化节北新泾街道“文化日”暨银城端午进社区主题体验活动

简要回顾

以菜单服务的方式，为以北新泾街道市民为主的上海市端午节庆活动服务，共开列出试汉服、巧投壶、折汉服、点雄黄酒、系彩绳、包粽子、除五毒、龙舟照、抛彩粽、便民服务等15个体验和服务项目，吸引了大批大学生参与，接待了近2000人。

参与学生合影

参与学生行街表演

参与活动的学生表演舞蹈

时间

2016年6月8日

主题

“民俗风 端午情”上海市民文化节北新泾街道“文化日”及端午风俗展览

简要回顾

2016年的端午节系列活动规模是比较大的，端午前两天华东师范大学端午大行街吸引了超过2000名学生参与。端午当天在长宁民俗文化中心活动的亮点是端午风俗展览和端午微信号的发布，各种端午知识和风俗活动吸引了亲子家庭的参与。北新泾的群众还演出了“民俗风 端午情”邓丽君怀旧金曲演唱会。最后还在中山公园大草坪进行了以“非遗进校园”为主要内容的大型展示活动，加入了端午内容，吸引客流。

时间

2017年5月27日

主题

品味端午传统佳节　体验多彩民俗生活

简要回顾

2017年在继续为市民提供“民俗风 端午情”端午节庆丰富文化体验的同时，最大的亮点是回归校园节日文化生活，让在校大学生在富有温情的校园生活当中体会到传统文化的魅力，为同学搭建以节日风俗为媒介的沟通交流平台。将来自五湖四海的同学聚集在一起，共同庆祝端午佳节。校园端午游园会以弘扬民族文化为宗旨，以内涵丰富的传统游戏、民间传说表演、节庆风俗演绎等为要素，结合多种参与形式，吸引了大批学生，包括周边的上海交通大学、华东政法大学等的学生也一同参与，为校园文化建设再添辉煌一笔。

学生表演点雄黄风俗

华东师范大学社会发展学院

画五毒亲子培训

时间

2018年6月18日

主题

“民俗风 端午情”系列节庆活动

简要回顾

2018年端午节，预约搞活动的单位来得早，所以很多演出和培训都提前在社区开展起来，还把制作香囊的培训班开到了长宁福利院和逸仙养老院，教养老院的老人们打莲湘。在场馆内报名参加活动的孩子特别多，为了满足需要，开展了多场亲子类培训。课堂上重点宣讲了受人们敬仰的爱国诗人屈原那种不屈不挠的民族精神。

敬老院

星光历历汉悠悠，怅望双星独倚楼。莫谓人间多别恨，
便疑天上有离愁。梁清谪去谁相伴，子晋归来合公游。
惟有月娥应最妒，一轮风露不胜秋。

——吴绡《七夕》

“心灵手巧易得爱”七夕节

农历七月初七这天是我国汉族的传统节日“七夕节”，又称“乞巧节”“夫妻节”。七夕节最早来源于中国人对于自然的崇拜和尊重，特别是对于星辰的崇拜。随着天文知识和纺织技术的发展，产生了牛郎星和织女星。后来在科举制度产生之后，增加了对北斗七星之首魁星的崇拜。而古代中国人认为七是完美的数字，于是在七夕这一天进行庆祝，通过祭拜等活动来表达对生活美好的祝愿。

七夕节是我国传统节日中最具浪漫色彩的一个节日，也是过去姑娘们最为重视的日子。在古代的这一天晚上，妇女们穿针乞巧、祈福福禄寿、礼拜七姐，陈列花果、展示女红等，举行许多风俗活动，仪式虔诚而隆重。七夕的故事沿袭至今，虽然形式和内容已发生很大变化，但人们对于向往纯洁美好爱情的内涵一直延续至今。

一、节日简介

七夕最早源于古代先人对于天体日月星辰的崇拜。早在先秦时期，已经有“银河”的概念产生，以及“牛郎”“织女”的名称出现，《诗经・小雅・大东》中记载：“维天有汉，监亦有光。跂彼织女，终日七襄。虽则七襄，不成报章，睆彼牵牛，不以服箱。”此时的华夏先民已经开始对银河、织女星、牛郎星进行观察，将星

宿概念作为天体系统来理解。而这时期的七夕，并没有形成节日意义，仅是作为古代人对自然天体的观察以判断季节和气候，并已形成将观察织女星、牛郎星作为判断七月来临的观念，这标志着秋季到来，天气转凉，要为冬藏做好准备。

七夕节的有关风俗起源于汉代，此时的七夕已经有了节日概念，并被赋予了爱情的意义，七夕节成为不少文人歌咏的对象，如“迢迢牵牛星，皎皎河汉女”等，牛郎织女的传说故事也开始出现。这个时期的七夕节节俗强调乞巧活动，《西京杂记》中已经出现关于彩女登楼穿七孔针乞巧的描述。后来，在魏晋时期，牛郎织女的传说逐渐定型，使七夕节的内容更加丰富。随着爱情故事的流传，七夕作为具有特定风俗的固定节日不断发展，在《风土记》《荆楚岁时记》等资料中，均有记载丰富的七夕乞巧风俗。而七夕传统的穿针、乞巧、拜星等内容，也已成为重要的节俗事项。之后在宋元时期，七夕活动内容变得更加丰富，京城中设有乞巧市，专门提供节日所需要的物品，因与外来文化相互交流影响，七夕节日事项中出现了“种生”等更多的新生事物。由于牛郎织女的传说表达着人们对于美好爱情的向往，且七夕节节俗根植于中国传统农业社会的耕织文化，随着牛郎织女传说成为中国四大民间爱情传说之一，且故事不断得以流传和建构，使得七夕节在历史上产生了深远的影响，奠定了它在中国传统节日中的重要地位。之后由于朝代的更替，七夕节节俗不断发展，其内容和内涵也不断地发展演变。到明清时期，七夕已经成为最重要的节俗之一。之后，受到现代社会发展的冲击，传统节日逐渐被淡化，七夕也不例外。但在近些年，由于传统节俗复兴，七夕节又被赋予了现实美好意义，又被重视起来了。

二、江南地区节日风俗

（一）乞巧

乞巧是七夕最重要的节日风俗，通过占卜、祈求、游乐等形式，表现女性的智慧和灵巧，蕴含对爱情、婚姻和后代的向往。乞巧的形式多样，各地都有不同。在江南地区，穿针乞巧、投针验巧、喜蛛应巧、彩线编巧、吃巧果等最受欢迎。

1. 穿针乞巧

穿针乞巧是最早的乞巧方式，可以追溯到西汉初年，也是流传至今的核心七夕民俗形式之一。《西京杂记》记载：“汉彩女常以七月七日穿七孔针于开襟楼，俱以习之。”此时在宫中已经有穿针以显示女工技巧的风俗。而南朝《荆楚岁时记》记录：“七夕，妇人结彩缕，穿七针线，或以金银石为针，陈瓜果于庭中以乞巧。”说明此时的七夕已经有明确的乞巧形式，并在民间广泛流传。

2. 投针验巧

投针验巧是七夕穿针乞巧风俗的变体，是明清时期盛行的不同于穿针的创新形式，也是江南地区较具代表性的乞巧形式。明代《帝京景物略》记载：“七月七日之午丢巧针。妇女曝盎水日中，倾之，水膜生面，绣针投之则浮，看水底针影。有成云物花头鸟兽影者，有成鞋及剪刀水茄影者，谓乞得巧；其影粗如锤、细如丝、直如轴蜡，此拙征矣。”同样是以验针的形式表达了古代女性崇尚手巧及对美好生活的追求。

3. 彩线编巧

在七夕时，江南地区已婚女子会将平时刺绣使用的绣线编成丝束，送给未出嫁的姑娘，表达美好的祝福。这样的风俗也与江南善于丝绣纺织的环境有关。

4. 制作巧果

巧果是七夕前上市的一种面食，将发酵面切成固定尺寸的薄片，又将面片扭转打结，放入锅中炸制而成。清代《帝京岁时纪胜·七夕》中描述：“街市卖巧果，人家设宴，儿女对银河拜，咸为乞巧。”一直到现在，江南地区的糕饼店也能看到巧果出售，少数店铺长期供应。

5. 乞美乞智

七夕节是中国古代传统文化中少有的具有社会性别认知的节日。女子除了展示心灵手巧，也会进行一系列乞美活动，乞求织女赐予美丽，彰显女性对美的追求。其中典型的风俗有染指甲、树叶洗头、露水沐浴（又称接露水）等。读书人把七夕节称为“魁星节”，又称“晒书节”，这是因为北斗七星的第一颗星叫魁星，也叫魁首，主文事，古代读书人中了状元称为“一举夺魁”，就是因为魁星主掌考运。传说七夕是魁星的生日，自然一定要在七夕这天祭拜，保佑智慧增长考取功名。

另外延伸出的其他乞巧方式，花样种类丰富，多出现在明清时期。一方面是节俗体验内容的丰富，融合更多娱乐体验；另一方面是结合了更多的具有美好寓意的事物，表达了对美好婚姻的祝福。

（二）七夕祭拜

七夕节前，姑娘们会斋戒沐浴，待七夕的夜晚，对月和双星焚香礼拜。少女祈求如意的爱情，少妇祈子以及祝福家庭。另外，民间普遍认为七月初七是掌管文人考命的魁星的生辰，所以读书人也会在这天拜魁星。拜的形式一般在月下，摆置果品等，男女分拜魁星和织女，表达对美好生活的期望，同时祈求智慧。

三、传统节日的当代实践

长宁民俗文化中心自2009年开始组织七夕节俗活动。民俗中心重视传统节俗和当代文化的融合，借现代人关心的主题和形式传播民俗文化，结合社会力量丰富活动内容，吸引了年轻人群参与到社区民俗活动中。自2011年开始，长宁民俗文化中心的七夕节将节日主题从乞巧乞智传统含义，变为结合现代人较为重视七夕牛郎织女爱情故事的主题，精心设计乞智乞巧游戏作为男女青年交往的手段，使青年男女通过参与手工艺体验来交友，由此变成了以“爱”为核心诉求的“七夕·爱”活动。

（一）手工艺和爱情相结合的活动形式，拓展了节日内涵

乞巧是七夕节的传统形式。长宁民俗文化中心自建立以来，一直重视手工艺的保护和发展，手工艺的活动也成了民俗中心特色。早期举办七夕活动，民俗中心充分利用这个优势，设计了手工艺类的乞巧游戏，进行手工艺类的展示和比赛，民众通过游戏体验七夕传统。同时，七夕的体验也因乞巧节日本源的寓意，能把手工艺活动推广得更好。但是，这个阶段参与的人群仍以老年人为主。而随着当代社会对于爱情追求需要的增长，七夕节也被赋予了更多的爱情元素。从2011年开始，活动

的主题以“爱”为核心，设置交友活动，将乞巧转变为交友的手段。通过这些乞巧和交友相结合的活动体验，发展了都市民俗活动，对传统节俗进行了内涵的拓展，吸引了更多年轻人参加。

1. 以手工艺为表达方式的乞巧活动

乞巧的各种活动体验，在七夕活动中以丰富的形式来表现。如每年的固定保留项目“穿针乞巧”和“投针验巧”。穿针乞巧的活动中，每组2人，且必须为男女搭配，每段藕上插7根针，两两一组在同一的时间内，以一线过7针者为胜。投针验巧同样是男女搭配游戏，每人向水里投3针，每投浮1针得分。这两个项目是自汉代流传至今的乞巧方式，也是七夕节非常具有标志性的节俗体验内容。在历年的活动策划中，长宁民俗文化中心都保留这些传统项目，并在参与形式上重视继承传统形式和体验改良相结合，增加群众的参与性。如在投针验巧的道具准备中，会提前进行晒水，确保七夕当天水上产生薄膜，能将针浮起，让参与者感到神奇，相信自己对爱情的向往能够得以实现。

另外，长宁民俗文化中心还会邀请专业的手工艺老师，教年轻人折叠心愿折纸、编吉祥结、剪吉祥图案、制作各种简单的手工艺品等。充分发挥民俗中心的手工艺优势，设计多种多样的手工艺体验活动以丰富交友方式，并寻求与七夕本源的乞巧文化

剪图案

教折纸

高度契合。

2. 通过活动引导交流

七夕节活动当天，前来的年轻人是以交友为目的的，但由于之前并不认识，不容易短时间内有所交流。而民俗中心举办的活动，通过以乞巧为核心的手工艺体验，让年轻人得以展现自己，促进交友。不同的活动设立在不同的分会场中。每个分会场有主持人进行引导，有序参与，并设立游戏规则，即必须男女两人共同完成。经过几轮游戏后，大家互相有了初步印象，培养默契和感情，让为爱而来的年轻人，在活动之中逐步消除隔阂。在这个过程中，外向活泼的人能展示才艺，内敛

共同完成针线活儿

共同完成针线活儿

着古装的小哥儿

2010年8月14日举办的七夕活动主题为“庚寅七夕气象新，长宁才子会佳人”

安静的人能做手工艺品用以赠送，通过不同的引导，大家都能找到交流的方式。而这个原本以女生乞巧、男生乞智为主的传统节日，也转变成为以男女青年展示才艺寻找爱情为主题的都市节日，顺应了社会对于节日内涵的需求。

（二）结合社会资源，丰富体验内容

长宁民俗文化中心的七夕活动虽然起步时间比较晚，但由于充分利用了社会资源，展现出较高的质量，也是所有节俗活动中商业化程度最高的活动，所以影响力较大。如2011年的七夕活动，长宁民俗文化中心与浦东、静安、长宁团委合作，提出了“七夕·爱”的活动主题，吸引了很多精英白领参与。之后，则更多的是与社会商业团体合作，一方面保证了参与的人群；另一方面强化了活动内容，提升了活动品质。在参与人群方面，与珍爱网、海归之心、澳洲新西兰俱乐部、白领俱乐部、海归俱乐部、大学校友会等合作，通过售票的方式报名，确保了参与人群能够积极主动参与到活动体验中，并且考虑了参与群体的男女配比、群体水平等，使活动现场能够有效交流。在现场，常常出现前来参与的年轻人认可活动质量，又“呼朋唤友”通知朋友前来参与体验的场景。而这些团体的前期传播和后期维护等，也能帮助大大提升活动的实效。

另外，通过资源整合，使得内容更加丰富。比如，丰富拜月祭祀。起初是选织女星进行拜月，到后来形式日趋丰富，增加了艺术性表演“拜月”，还融入了女儿节、成人礼等方式，使得传统节俗在当代有了更好的演绎。2013年，七夕与民俗乐器推广季结合，推广民乐类非物质文化遗产项目，推出整套侗族大歌表演，并设计拦门酒环节；2014年，引入云南地区四耳胡琴等，这些都是高水平的演出活动。这种与社会资源结合办活动的方式，能够引入高质量活动，突破了社区资源的局限。丰富的文化形式保证了活动质量，让参与者充分体验和参与到传统文化中，真正地利用了商业机构的优势来办好社区公益活动。年轻男女在这样一个浪漫的节日，传统与现实体验完美地亲密接触着。在长宁民俗文化中心，通过丰富的节目和乞巧活动，他们相识交流，既能一起游戏，也能一起在阳台和茶室的私聊空间品茗畅谈，他们互留信息、交换名片、牵手离开。通过这样的整体设计和执行，七夕活动在保证一定人数参与的同时，重点提升了活动质量。在几年的活动中，每年都有相识的男女交谈到深夜，迟迟不愿离去。

（三）结合内容体验，传递中华美德

七夕节在当代的复兴，得益于传统文化的回归，也得益于当代人对于美好爱情的向往和追求。通过民俗节日表达对爱情的理解，满足了当代社会的需要，丰富了都市

人的文化生活。长宁民俗文化中心在节日体验设置中，充分考虑到对年轻人的精神引导，通过不同形式传达了中华美德。如在2013年的七夕活动中增加了成人礼。依据传统七夕节的含义，突出“女儿节”“魁星节”的含义，即将成年的孩子选择在这天举办自己的成人礼，庄严的仪式感让他们心中充满了责任感和荣誉感。还根据传统文化内涵中牛郎织女鹊桥相会的故事，邀请了不同的专家介绍七夕节，传递美好的爱情和婚姻观。2015年，与精神文明办合作推出展览，围绕“家”与“情”的概念，展示了各个时期的结婚证及嫁妆，并请金婚老人上台分享他们的爱情故事，展示良好的“家风、家训”，祝福并引导年轻人的爱情和婚姻。这一系列活动使得传统节日不仅仅是节日体验，更多地重温了家庭与历史文化的关系，彰显了中华传统美好的伦理道德，具有极高的社会精神文明建设意义。

附：

近年来长宁民俗文化中心七夕活动主题及主旨

时间

2009年8月23日

主题

“牛郎会织女 巧手迎世博”七夕活动

简要回顾

“七夕”是我国较早纳入国家级非遗项目的民俗节日。在世博即将召开之际，发扬传统文化、复兴传统民俗的氛围浓郁，长宁民俗文化中心为了迎接世博会这个举世瞩目的盛事，聚集了众多民间手工艺人，为了让年轻人能够认识到我国传统文化的魅力，让他们亲自动手体验民间艺术，举办了这次活动。活动的主题确定在“巧”字上，吸引了很多汉服青年参与，他们赛巧比巧十分踊跃。

弘扬传统节俗魅力

巧手迎世博活动留影

时间

2010年8月14日

主题

汉之音庚寅年（2010）七夕活动

简要回顾

因为在这一年馆内承担着很多广场演出的任务，所以七夕的活动由汉之音青年汉学团队自主完成。这一年在馆内的葡萄架下搭起了桌子，听完七夕故事的孩子们，都争抢着要到桌子旁边听牛郎织女说话，很多现代的孩子感到传统节日不必一定是“吃”，还有浪漫和游戏。

➲ 投针验巧

学巧

记者采访正在穿针赛巧的青年

相约2号线

共戴编结

热闹会场

时间

2011年8月10日

主题

“七夕·爱”相约2号线七夕大型精英白领交友活动

简要回顾

长宁民俗文化中心的七夕活动引起了社会的关注，当长宁、静安、浦东三区团委准备搞青年交友活动时首先想到了长宁民俗文化中心，我们尽力出主意、想办法，共同策划了相约2号线七夕活动。当天，200多名年轻人聚集在中山公园多媒体广场顶楼大厅，在大厅两侧竖起了织女榜和牛郎榜，共设有撕纸、编结、荡湖船、舞龙等20余个长宁民俗文化中心提供的活动项目。通过抽签，男女青年牵手完成乞智乞巧的任务，使他们在自然而然的氛围中相互认识和交往，取得了非常好的效果。

共荡湖船

携手舞龙

古文知识题

为爱聚集的汉服社青年

正在写祝词的大学生

时间

2013年8月3日

主题

“渡银河”长宁民俗文化中心七夕节活动

简要回顾

除汉之音继续主办馆内的七夕活动外，上海第二工业大学雅仪华韵社团、上海海事大学汉服社、上海理工大学中英国际学院等的学生也在长宁民俗文化中心度过了一个别样的七夕，大学生聚在一起开展富有文化含义的七夕游戏，也成就了美丽的校园爱情。

巧手学堂学做手工

时间

2014年8月2日

主题

“向前遇见爱”海归之心大型鹊桥会

简要回顾

凭借传统节日七夕情人节的新寓意，海归社团搭建了上海海归及城市精英相互认识交友的平台，让归来之子不忘我国文化传统，并将其传承和传播，提倡真诚交友。当晚吸引了近300人参与，很多人都是第一次过中国情人节，深夜11点才在工作人员的劝说下意犹未尽地离开。

传承节俗

观看学习

遇见

时间

2015年8月20日

主题

“丝竹韵·弦外音”2015民乐推广季开幕式暨“爱·家”七夕主题活动

简要回顾

这次活动由长宁区委宣传部、长宁区文化局（现文化和旅游局）、长宁区妇联共同举办，邀请了侗族大歌演出团队在舞台演出，并在广场上与青年们互动。在展厅还展出了从清代起各个时代的“结婚证”，吸引了很多人参观。还在活动中突出了“注重家庭、注重家教、注重家风”的主题。

侗族团队

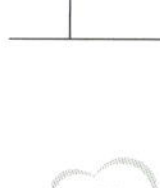

排队看表演

人们将舞台围得水泄不通

时间

2016年8月6日

主题

七夕2016寻巧记暨上海市民文化节手工艺大赛长宁赛区活动

简要回顾

正值上海市民文化节手工艺大赛举行期间，长宁民俗文化中心把长宁赛区花式海派点心比赛活动与七夕节制作巧果的传统风俗结合起来开展，现场制作的海派点心立刻在《天仙配》演出现场呈现，既丰富了节日内容，又使单纯的赛事活动更具有文化内涵。

时间

2018年8月11日

主题

“七夕·爱”2018乞巧节亲子体验活动

简要回顾

活动采取网上报名参与的方式。为参加活动的孩子和家长设置了三个环节六个项目的赛巧活动，并且对评比出的织女星和魁星给予奖励。尤其是七夕故事的问答比赛，把七夕的节日风俗、内涵通过互问互答的方式教给学生，学生受益良多。

亲子家庭

中秋，食月饼，登楼台赏月观鹤。

——《松江府志》

“月常满·人长宁”中秋节

中秋节，又叫“祭月节”“秋收节”，是家庭幸福团圆的节日，也是沿袭至今、举国同庆的重要节日之一。中秋节在四大传统节日中，排名仅次于春节，对于向往团圆的中国人来说，有着重要的伦理意义和人文价值。中秋时刻，是自然天象最完美的时刻，月圆和丰收圆满结合，被赋予了深厚的人文内涵。中秋节作为自古至今最重要的传统节日之一，其形式及内涵不断丰富，是传统文化沿袭至今，不断被体验和发扬的节日。

一、节日简介

每年农历的八月十五是我国传统的中秋节。“中秋”二字，最早见于《周礼·夏官·大司马》：“中秋，教治兵。”但这里的“中秋”只是一个时间概念。按照我国古代历法的解释，农历的七月、八月、九月是秋季。八月在秋季中间，叫“仲秋”；而八月十五又居仲秋之中，故曰“中秋”。尚秉和《历代社会风俗事物考》中记载：“八月十五夜，在唐时虽有玩月故事，在社会视之，似无若何兴趣……至宋时似盛于唐，太宗纪，八月十五为中秋节。三公以下献镜及承露盘。又膳夫录，汴中秋节食中秋玩月羹，是可证已以中秋为节令。”月是民族、家庭幸福的象征，古代就有春祭

日、秋祭日的礼制，在魏晋时期，就出现了玩月的风潮，及至唐代中期，由于统治者唐玄宗的道教崇拜，玄宗游月宫的传说在社会上广为流传，极大地促进了文人玩月、群众赏月的兴趣。到了宋代，中秋节已经发展为一个国家的法定节日，这一时期，乡土社会的秋祭逐渐和中秋融合在一起。上至天子，下到村夫，皆休息、饮酒作乐、阖家团聚、共享天伦。到了明代，加入了拜月风俗，女子拜月祈求家庭幸福、心灵手巧。

二、江南地区节日风俗

（一）登楼台、赏月观鹤

相传“华亭（今松江）每中秋夜，有仙鹤下，不多见也”，华亭鹤出于下沙，也就是今南汇的下沙镇，又名鹤沙。据史书记载，鹤坡，相传为东吴名将陆逊养鹤处。沈括在《梦溪笔谈》中就记载了华亭鹤。丁宜福在《申江棹歌》中说道：“鹤沙斜傍鹤窠西，海外仙禽去不归。霜冷月明清唳杳，行人惟听满村鸡。”道教抓住鹤长寿和高飞这两个特性，并加以引申，认为鹤既是仙人的坐骑，又是仙人的化身，因而称之为仙禽。中秋本就是在道家思想盛行的唐代流行起来的节日，赏月与唐玄宗的游月宫密不可分，所以在中秋赏月观鹤也就不足为怪了。

（二）烧香斗

到了清代，上海县城也有家家户户烧香斗的风俗，“中秋以香制七级浮屠，入金箔，斗爇之，曰烧香斗”，也有称为斗香的。香斗是由纸扎店制作的，形状四方，上大下小，大的四周各宽二尺多。香斗四周糊着纱绢，绘有月宫楼台亭阁等图画；也有香斗用线香编绕而成，斗中插有纸扎的龙门魁星以及彩色旌旗等装饰。上海中秋节烧香斗的场面，向以南园为最盛。此外，城里城外许多大桥的桥堍也都点有特制的大型香斗。

（三）出游

中秋夜出游赏月，上海人叫“走月亮”。妇女们结伴夜游，称为“踏月”。上海小东门外的陆家石桥，中秋夜总是游人如织，那桥下水中荡漾的皎月倒影，与天空中的皓月形成美妙对照，名曰“石梁夜月”，是有名的“沪城八景”之一。

（四）祭月

吴地的祭月又叫“斋月宫”。中秋日，各家设香炉、灯烛、瓶花等物，供养太阴。纸肆市“月光纸”，上绘月轮、桂殿、捣药玉兔等。至夜，各家陈设“子孙藕”（业已生枝的藕）、“和合莲”（莲蓬有子不空房者）、“荷花瓣”（以大瓜细镂而成）等吉祥物，杂以菱芡、银杏等，又以纸绢线香做宝塔形，拼盘杂陈，供于庭中。然后合家望空顶礼，小儿女膜拜月下，拜毕，焚“月光纸”，撤所供，全家老少嬉戏灯前。

（五）食俗

中秋夜所用食品：“各庙祀神，晚焚天香，食月饼、豆荚、芋头。”（《紫缇村志》卷二《节序》）除了月饼外，主要是毛豆荚和芋艿，家家煮食，习称毛豆烤芋艿，这时节的毛豆酥、芋艿糯，都非常可口。这些食俗很多也逐渐消失了，只有月饼作为重要的中秋食俗保留至今。

“月饼”一词最早出现在南宋。周密的《武林旧事》、吴自牧的《梦粱录》都曾提到月饼，但不是作为中秋节食品提到的。直至明代的《西湖游览志余》卷二十才记有：“八月十五谓之中秋，民间以月饼相遗，取团圆之意。”清代的《燕京岁时记》：“每届中秋，府第朱门皆以月饼果品相馈赠。至十五月圆时，陈瓜果于庭以供月，并祀以毛豆、鸡冠花。是时皓月当空，彩云初散，传杯洗盏，儿女喧哗，真所谓佳节也。”又云：“中秋月饼，以前门致美斋者为京都第一，他处不足食也。至供月饼，到处皆有，大者尺余，上绘月宫蟾兔之形。有祭毕而食者，有留至除夕而食者，谓之团圆饼。”

杨光辅的《淞南乐府》记载：“淞南好，时物存秋香，月饼饱装桃肉馅，雪糕甜砌蔗糖霜，新谷渐登场。”这描写的就是时至中秋，金风送爽、稻谷飘香、丰衣足食的场景。月饼最初是由自家制作的。清袁枚的《随园食单》中就记有月饼的做法。到了近代，月饼开始在市面出售，且制作越来越精细。月饼作为传统糕点，其制作风味各地不同，有京式月饼、广式月饼、苏式月饼、滇式月饼等。月饼最初是以祭月供品出现的，以后逐渐成为中秋节必不可少的食品。现在，上海等城市虽然一年四季都有鲜肉月饼供应，但传统的广式月饼、苏式月饼仍只在中秋节前生产、销售。赠送月饼也成为中秋时节的特有民俗活动。除了在凭票供应的短缺年代外，人们一般都有互相馈赠月饼的风俗，从最初的亲戚间互送，到亲戚间、邻里间相送，再到近年，转而以单位发给员工和需要“联络感情”者为主，也算是一种风俗的演变。

三、传统节日的当代实践

长宁民俗文化中心历年来在中秋节的活动中都围绕“花好月圆”这一节日核心元素。为了营造“团圆”的节日氛围，自2007年长宁民俗文化中心第一次举办中秋活动开始，这一节日的活动就一直占据着民俗中心节庆活动的重要位置。长宁民俗文化中心在中秋节节日活动策划上，经过几年的探索和经验积累，逐渐形成了以“月常满·人长宁”为主题的特色活动品牌，既突出了中秋的节日内涵，又体现了长宁地区的文化特色。长宁民俗文化中心主要从以下几个方面进行了传统节日的当代社区实践：

（一）复原传统祭月仪式，营造当代社区节日仪式感的体验

长宁民俗文化中心为了复原传统节日中蕴含的信仰力量，从2011年开始，尝试举行祭月礼。2011年首次举行祭月礼的时候，由于担心涉及“封建迷信”和“民间信仰”之间的界限区分问题，只是由民俗中心汉之音青年社团按照传统礼俗在舞台上表演了汉礼。2012年，同样是在室内表演了祭月礼。

2014年至2016年，随着民俗文化的广泛传播，长宁民俗文化中心开始尝试举行较为正式的户外祭月礼。在长宁民俗文化中心的扶持团队中，有一个名为“汉潮”的年轻传统文化爱好者公益组织，他们通过查阅大量典籍，自发组织人员进行汉代和唐代祭月礼的再现。2014年，尝试将汉代的祭月礼在长宁民俗文化中心的水井舞台上公开表演；2015年则是唐代祭月礼的礼仪流程展演。在整个祭月礼的展示期间，祭月礼得到了参与群众的认同。越来越多的民众跟随表演者施礼，在2015年的祭月礼中，礼生铿锵有力的声音和饱富深情的祝词，让在场观看的很多嘉宾都情不自禁地参与进来，更有很多人在行祭月礼的时候潸然泪下：透过那一轮映照了大地千年的月华，与先人的情感进行着交融和共鸣。祭台上设有香烛果酒，主祭等人员都身着汉服，肃穆端庄。祭文由主持人宣读，全场观众与祭祀人员在庄重的气氛中一同完成了拜月仪式。这场祭月礼，不仅让当晚参与的市民观众体验了中国传统节日中民间信仰的神圣力量，也为青年学生提供了一个学习古代礼仪的场所，同时，也为以传播民俗文化为己任的团队，提供了一个尽情展示的平台。

（二）传统手工和现代体验结合的标志性食物制作

长宁民俗文化中心为了让当代都市人体验到月饼的制作过程，联系了单位附近的糕点店嘉禾堂面包房，而该面包房也连续多年义务为民俗中心烤制月饼。2009年开始了DIY体验做肉月饼的活动。活动的初衷是工作人员普遍认为，在当代都市中，人们对传统节日的参与度不够，节日味道越来越淡，因此就采购了制作月饼的馅料，请嘉禾堂面包房的大师傅做指导。为了保证食物的品质，在制作的时候，总的面和馅料由同一个人负责，师傅在端进原材料之前要分工明确，并预先做好消毒工作，用社会上对食品企业的卫生规范来要求，保证原料和过程不被污染。

在每年中秋节的前一个星期，民俗中心都会组织白领、企事业单位员工、机关人员、学生等来民俗中心体验做月饼，最多的时候一天能来30多人，让大家在制作过程中充分感受节日气氛。体验者跟随点心师傅一起把面和馅捏在一起，很庄重地盖上鲜肉月饼的大红章，有的人还在月饼上刻有自己的特色祝福，然后等着师傅拿到烤炉里烘烤，新鲜出炉的鲜肉月饼的香气与满屋子体验者的笑声混合在一起。大家在动手参与的过程中，增进了个体与节日之间的情感联系。

（三）结合非遗项目，营造节日氛围

2008年、2010年和2015年的中秋主题活动，除了有传统的节俗外，“民族民俗民间文化博览会”“虹桥文化之秋艺术节”和“沪语推广周”也融入其中，既丰富了活动内涵，也丰富了活动的内容表现形式。

在历届中秋活动中，长宁民俗文化中心都积极推出非遗相关项目，让市民在参与活动的过程中走进非遗、感知非遗。比如，在节日期间举办非遗保护项目沪语表演、民间艺人表演（遛鸟、小热昏）等；又如，举行民俗才艺展示，像天山面塑、华阳吹画、新华刺绣、北新泾刻纸、虹桥铁烙画、新华丝网牡丹花灯等；再如，结合中秋进行兔子灯制作技艺培训，举行画纸灯笼等体验活动。同时积极开展与百联西郊的合作，在百联西郊的空地广场上举行灯会、演出等，让更多的市民参与进来。

在中秋活动中，既有中秋知识竞赛这样的“智力”考验，也有适合于以家庭为参与单位的户外演出和祈福放灯活动。如2008年的家庭露台赏月活动和年年举办的以歌舞类节目为主的中秋亲民晚会。尤其是2015年的中秋晚会融入了“沪语推广周”的元素，使晚会的节目上多了沪语故事讲述——与上海故事家葛明铭老师团队的合作，讲述了长宁区先进家庭的故事，参与的市民既感觉亲切，又从中得到了关于家庭和睦的启发。

（四）在沪华人华侨的联动

长宁民俗文化中心中秋活动的一大特色是关注对在沪华人华侨的中秋节日氛围营造。在往年的中秋活动中，他们主动与侨联、海归协会联合举办中秋活动，如一些侨胞、侨眷、统战人士的才艺展示，侨胞的绘画艺术展等。这些活动调动了在沪华人华侨的积极性，提高了参与度，既丰富了民俗中心的活动样态，也使华人华侨感受到了节日的温暖。

民俗中心对每年的中秋活动都极为重视，可谓全员动员、多方协调。自2007年开始，已经开展中秋节活动体验多年，并从形式和内容上都形成特色。活动一般持续三天，有时也会持续一周时间，目的是让当代都市快节奏生活的人们都能感受到传统节俗的温馨。

近年来长宁民俗文化中心中秋节活动主题及主旨

外国小朋友在观看节目

观众席

时间	主题
2007年9月24日	“月圆人圆情缘”2007长宁区各界人士中秋联谊会

简要回顾

中秋之夜合家欢，长宁区委统战部以构建和谐社会、和谐家庭为目标，弘扬民族文化、传承民间艺术为主旨，吸引长宁区海内外家庭，共度传统中秋，共创长宁美好家园。长宁区委统战部在中秋之夜组织统战对象齐聚民俗中心，共同观看表演，品尝月饼，共诉亲情。

联谊会表演

时间

2008年9月12日

主题

“千家万户世博情”百万家庭行礼仪、迎世博主题活动，融入上海市中秋嘉年华

简要回顾

从2008年下半年，长宁民俗文化中心开始了深入的世博宣传活动，民俗中心在广场上搭起了“中秋快乐”的牌坊，举办了文艺演出和结婚证书展览。另外，配合2008年上海民族民俗民间文化博览会，以展示“民族人文、民间艺术、民俗风情”为主要内容，以富有中秋文化特征的花好月圆为主题，努力营造“崇尚民族、守护民俗、回归民间”的文化氛围。民俗中心组织民间手工艺和民间舞蹈团队参与在上海万体馆西大厅举办的“2008年上海中秋民俗嘉年华”活动，向市民宣传普及非物质文化遗产知识，让大众回归民俗，体验乐趣。

迎世博

体验民俗

时间

2009年10月2日

主题

“庆国庆迎中秋”行街表演

简要回顾

2009年的中秋是10月3日。10月2日，民俗中心在中山公园举行了大巡游，庆祝新中国成立60周年，同时祝福长宁人民中秋节快乐。中秋的行街和其他节日的行街不同，充分考虑了国庆的主题和中秋节日的内涵，把嫦娥、月饼等主题元素放在行街队伍中。红绸秧歌等表演烘托国庆喜庆，行街表演的方式是对新中国成立60周年最好的祝愿，也是“走月亮”风俗的再现。

精彩纷呈

人山人海

时间

2010年

主题

“明月千里寄相思　天涯你我共此时”2010长宁中秋活动

简要回顾

这一年的中秋节恰恰在长宁区的文化品牌项目“虹桥文化之秋艺术节”时段当中，中秋节的演出内容突出了民俗文化传承，彰显了节庆风俗，有机融入了“虹秋”的举办之中，影响力巨大。活动多是在中山公园等公共场地举办，以此让更多的人了解传统、参与传统，领会中华民族文化核心的价值精髓。

架起友谊之桥

天涯共此时

时间

2011年9月4日

主题

"月常满·人长宁"中秋民俗文化体验活动

简要回顾

这一年的活动依然在"虹桥文化之秋艺术节"的时段内，而且是特别值得纪念的一年，"月常满·人长宁"中秋活动从此作为长宁区"虹秋"文化品牌活动开展。活动内容主要有：一个论坛（"虹桥中秋"）、两台晚会（沪剧折子戏和综合演出）、三大民艺展示（西郊农民画、撕纸、特色工艺品和制作月饼大赛）。活动结束后汇编成册的《华文讲堂》专刊，记录了活动的全貌。

参加节俗体验的外国友人

参加节俗体验的外国友人

参加节俗体验的外国友人

启动文化体验周

参加节俗体验的外国友人

微型绣花鞋展

时间

2012年9月29日

主题

“月常满·人长宁”长宁民俗文化中秋民俗体验活动

简要回顾

这年的特点是开辟了“华文讲堂”这个以非遗、民俗、传统文化为主要内容的公益课堂，体现民俗文化根植民间的特色，展示了民俗文化在代代传承中铸就大俗大雅的特点。此外，因民俗中心“自制月饼”活动做出了名气，很多人前来自制月饼，并且花样翻新地自创出各种月饼图案，民俗节日激发出老百姓的创作热情，让节日更加浪漫。

体验民俗

群众自制月饼

时间

2014年9月6日–8日

主题

“月常满·人长宁”长宁中秋民俗体验活动

简要回顾

活动持续三天，每天从上午9点开始，一直到晚上8点。因预约人数过多，免费的名额完全不能满足需求，为了满足更多人制作月饼的需求，收取了月饼制作材料费10元/位，可依然人气爆棚。这一受人喜爱的节俗食品，通过人们的亲手制作，其丰富的人文内涵得到了很好的体现。

言传身教

时间

2015年9月24日－27日

主题

“月常满·人长宁”中秋、国庆“家”文化民俗体验活动

简要回顾

以社会主义核心价值观为导向，紧紧围绕“家庭、家教、家风”的思想道德教育，举办了“上海话 上海情‘阿拉屋里厢’”沪语故事比赛，以及跨越百年的“结婚证书”展览，汉之音汉服社还为居民们献上了汉舞汉乐晚会，活动内容丰富。为照顾上班族，活动安排在18:30。傍晚时分，华灯初上，庭院中平日难得见面的邻居共享月饼香茶，和谐团圆花好月明。

丝竹雅韵

海派点心师傅

感动观众

时间

2016年9月14日–16日

主题

“月常满·人长宁”2016长宁中秋海派美点荟暨“丝竹韵·弦外音”民乐推广季闭幕式

简要回顾

活动的亮点是邀请了现代职校的在校学生担任制作海派点心的小师傅，手把手教市民学习各式点心的制作。当然，最受欢迎的还是时令点心月饼。小师傅在这个传统节日中很好地向参与市民展示了中式点心之美，市民在开心的同时也长了知识。

时间

2017年10月4日

主题

“月常满·人长宁”临水听琴音乐会

简要回顾

这场音乐会是在国庆假期中开展的中秋活动，地点在新虹桥中心花园，晚会分为“湖光秋色”“华服映月”和“月满长宁”三个传统音乐演出篇章，在主舞台举行；大草坪上还搭建了传统文化体验亭，设置有江南传统文人香事、捏面人、撕纸、月亮灯笼绘制等体验项目。因为宣传活动启动较早，又是在假日，关注的人很多。可惜天公不作美，从下午起就小雨淅沥，到了傍晚更是暴雨如注。于是，原定在舞台的活动转移到小亭中，活动依然正常进行。

⬆⬇ 临水舞台

时间

2018年9月22日

主题

“月常满·人长宁”临水听琴音乐会

简要回顾

2018年的中秋活动历时一周，舞台是新虹桥中心花园湖景舞台，观众则落座于隔水的亲水平台。中秋活动紧密结合公园特有的景致开展，“以景造物”，通过“亭”“台”呼应、自然与人文交相辉映，营造人文意蕴浓厚且生动有趣的佳节氛围。另外，节日亮点还有：独具匠心的1.5米直径的大月饼，与月空相对，游客们可来此打卡观赏，祭月仪式之后，共同分享大月饼；“百米对诗廊”花前月下吟诗对联，也给节日增添了诗情画意般的美好享受。

描画精彩中秋

百米对诗廊

匠心大月饼

月常满人长宁
2018"月常满人长宁"
中秋专场音乐会
唯愿当歌对酒时
19
未有团圓意
25
江天一色无纤尘
57

第八章 腊八节

庵寺僧徒日打斋，粥分腊八按门排。
干菱炒栗兼兜凑，更有庵尼送满街。

——秦荣光《上海县竹枝词》

“腊月风和·粥香情浓”腊八节

中国农历的十二月俗称“腊月”，是一年中的最后一个月。值此新旧交替之际，人们常常会在腊月举行各种民俗活动，通过制作供品、祭祀神灵祖先等形式，欢庆过往一年取得的丰硕成果，祈求在新的一年里人事物和顺安康。历经数千年的发展演变，腊八节逐渐成为腊月中最具代表性的节日，节日内容丰富多样，集中体现了腊月所蕴含的民俗内涵，因而成为我国最重要的传统节日之一。时至如今，腊八节承载着千百年来民众的集体智慧和经验总结的结晶，依然在不同的地域传承、传播和扩散，具有重要的教育和研究意义。

一、节日简介

学界认为腊八节起源于蜡祭，蜡祭是秦以前在年终对百神的祭祀称谓，这个仪式主要感谢众神一年来的赐予，祈求来年风调雨顺，五谷丰登，同时包含着祛疫避邪的含义。后来随着古代腊日节的逐渐衰弱，以及受佛教传入中国的影响，在多种因素的综合作用下就产生了腊八节。在秦汉时期，蜡祭与腊祭逐渐合二为一。西汉时期，汉武帝颁布实施《太初历》，规定正月作为岁首，十二月为腊月，并以腊月初八作为腊祭的日期。南北朝时期，腊八节从腊日节中分离出来，成为一个单独的节日。

《荆楚岁时记》中有关于腊日被固定于腊月初八的最早记载。通过经年累月举行腊日活动，腊八节形成惯习，此后便很少再有变动。后来由于佛教传入，统治阶级积极倡导推广佛教，腊八节受到佛教的影响开始佛教化。如宋兆麟、李露露都曾提到："腊八起初是祭祀祖先……自从佛教传入后，腊八才佛教化，也扩大了自身的影响。"

腊八节有着广泛的群众基础，也有着丰富的民间传说。在民间流行最广的当属腊八是"佛祖释迦牟尼成道纪念日"。释迦牟尼经历六年苦行，于腊月初八在菩提树下悟道成佛。在六年的苦行期间，每天仅以一麻一米作为食物，后人便于每年腊月初八食粥以纪念其所受的苦难。除此之外，还有"牧女乳糜救佛祖""抱娃悔过自新""赤豆打鬼""朱元璋落难""纪念忠臣岳飞"等传说，都代表着腊八节丰富的节日内涵。

二、江南地区节日风俗

在发展过程中，尽管腊八节的某些风俗受到历史、政治、社会、文化、经济等因素的影响而发生变异甚至逐渐消亡，但腊八节的主要内容、仪式、基本功能及文化内涵则保留了下来，并得到不断丰富，形成了很多独有的核心特色风俗。腊八节发展至今，其核心风俗以祭祀神灵、祖先及食腊八粥为主，辅以食腊肉、合家团圆聚餐、祈求来年幸福安康等形式。

（一）祭祀神灵、祖先

腊八节源于腊日祭祀，是一个充满感恩之情的节日。中国许多充满人情味儿的节日，多是源于人们对诸多神灵的祭拜习惯，这些习惯与民间传统节日相辅相成、相互融合，很好地体现了人间的温暖与感动。

“腊”在古时是一年终结的祭名，新旧之交的腊月以祭祀活动为主。腊月初八在汉代被定为举行腊祭的日期，腊日作为辞旧迎新的交替之际，如同今日的除夕一样对人们的生产生活具有重要意义。每逢腊祭，上到统治阶级、下到黎民百姓都会举行非常隆重的祭祀仪式，来祭祀神灵和祖先，汇报过往一年的人事丰收。人们借助这种仪式，表达对在过去一年中庇护自己的神祇和祖先的感激，希望在新的一年里能够继续得到神灵和祖先的佑护。腊八粥出现后，人们会先用熬制好的腊八粥供奉神灵祖先，之后才与全家人享用，并赠送亲朋好友。人们对神灵祖先是满怀敬畏和尊重的，通过庄严隆重的祭祀仪式更能表达人们对于腊八节的重视，感恩神灵的庇护，感激祖先的艰苦创业。

（二）腊八粥

民以食为天，节日饮食历来是节日风俗的重要组成部分。人们希望通过食用健康的节日食品，来表达对新一年的美好祝愿。腊八节有丰富多彩的节日食俗，现在主要以喝腊八粥、吃腊八蒜最为常见。在一些地区和民族中，还有腊八豆腐、腊肉、麦仁饭、素食等节日特色饮食，都充分体现了民众祈求来年丰收、安康、团聚、幸福等美好愿景。

相传在腊八节普遍食用腊八粥的习惯形成于宋代。久而久之，腊八粥成为腊八节独有的也是必需的节日食品，最能代表腊八节的节日特色。但各地区的腊八粥材料和口味各不相同，各地有各种各样的腊八粥制作方式。去寺庙里领一份腊八粥成了很多地方的风俗。在江南地区，有甜粥和咸粥之分。浙江人爱吃果仁粥；在江苏，既有加入红枣、桂圆等传统腊八粥食材的，也有加入青菜制成咸粥的；上海地区以糯米、花生、红枣、莲心、白扁豆、红豆、桂圆等传统食材为主。今天，民众制作腊八粥已不再只是为了饱口福，更是要用来供奉神灵祖先，且选用的食材也都蕴含着丰富的民俗寓意。如桂圆谐音“贵圆”，寓意富贵团圆；百合寓意百事和睦；莲子象征爱连心；核桃表示和和美美；红枣、花生则有早生贵子之意。可见，由这些寓意丰富的食材汇聚成的腊八粥自然而然地传达着吉祥康泰之意，民众可以借此来表达对美好未来的憧憬。

腊八粥不仅寓意丰富，同时也极富营养，被人们视为有利于身体健康的绿色食品。腊八粥产生之初便蕴含着扶贫济困的美好寓意，因此在一些地方还有施粥、舍粥的风俗，起着道德教化功用。人们还会将熬制好的腊八粥分赠亲友、邻居，以促进邻里和睦，巩固人际关系。

三、传统节日的当代实践

长宁民俗文化中心自2008年开始组织腊八节活动，每年都会在广场上派发腊八粥，以此怀旧演绎吸引更多人参与。通过近10年的探索，形成了既具有传统节日气息，又具有现代文化氛围的主题活动——将腊八节施粥的风俗发展成为以敬老爱幼为主题的传递社区温暖的活动。每年的腊八节，长宁民俗文化中心都会结合现代社会转型的需要推出颇有创意的节日游戏等庆祝活动，以增强民众对于腊八节的认知和重视程度，以提高民众的参与度，营造和谐向上的社区文化。

（一）传承腊八风俗，传递温暖祝福

长宁区民俗文化中心精确把握腊八节文化内涵，不断适应现代社会转型发展的

喝腊八粥

需要，逐步实现腊八节传统文化活动与当代社区体系相融合。腊八粥作为腊八节最具代表性的核心民俗，每年的节日活动都会有不同形式的特色腊八粥活动展现在民众面前。2008年的民俗文化活动以敬老为核心主题，邀请了百余位老人出席，共食腊八粥，并以地方戏曲助阵。老人们边喝粥边听戏，在欢欢喜喜中迎接新春。这种活动形式，更多结合了上海本土特色，极大地弘扬了中华民族延续至今的优良品德，为传统民俗增光添彩，增强社区凝聚力。2009年的腊八粥“品粥大师”赛获得了社会各界的一致好评。擂台赛活动丰富有趣，着眼点不仅仅局限于长宁区或者上海市，而是以长宁为基础，辐射全上海乃至全国。长宁民俗文化中心向社区广泛招募腊八粥制作达人，一时间众多热心市民积极响应报名，他们将各自家传的制粥秘籍拿了出来。参赛者来自天津、山西、陕西、甘肃、宁夏、青海、山东、河南、江苏、浙江、四川、河北等地。在腊八节当天，参赛者摸黑早起，忙着煮一大锅粥，将最地道的家乡风味注入这大锅里，期盼能受到评委（每一位观众都是评委）的垂青。在民俗中心雅乐茶园，职工和志愿者们则布置起品粥现场，10余张桌子整齐排列，200套餐具各就各位。上午9点，参赛者悉数到场，当一锅锅热气腾腾的粥呈现在人们面前时，热气蒸腾中的数百张笑脸映出的是家乡味道的诚挚邀请。在场的所有人，从步履蹒跚的爷爷奶奶到牙牙学语的宝宝，他们的嘴角都挂着糯米的香甜。品尝完腊八粥后，自然就要给最喜爱的腊八粥投票以决出最后的胜利者……各地丰富多彩的腊八粥齐聚一堂，既增长了民众对各地腊八节节俗的了解，又让久居上海、无法回家过节的外地人在上海找到了归属感，感受到了社区集体对个人的关怀。

（二）创意节俗游戏，演绎节日内涵

腊八节是温暖并欢乐的节日。从腊八开始，各家准备迎接新年，欢乐的气氛笼罩着城市。长宁民俗文化中心不仅准备腊八粥，还设计了多个节日内涵丰富的原创游戏。传统施粥风俗参与者主要为老年人，民俗中心的活动参与者也以中老年为主。但通过原创节俗游戏的设计，带动了不同年龄层的人参与，年轻人也爱上了“腊八粥”。特别是通过进入幼儿园开展活动等，节俗的知识、敬老爱幼的节日内涵得到了很好的传播。其中，最有特色的原创游戏是“八谷淘宝”和“品粥大师”。

1.“八谷淘宝”赛

腊八节的由来及风俗和寓意都是青少年上好的中华美德教科书。在长宁民俗文化中心的老街微缩景观古戏台，北二幼儿园的小朋友端端正正地坐在戏园里，听华东师范大学民俗学系研究生讲“腊八的来历”故事……此时此刻，童稚的天真与民俗的淳朴在一只只高举的小手和懵懂的眼神中交相辉映。听故事之余，民俗中心为孩子们定

在比赛中

制了名为“八谷淘宝”的小游戏。这个游戏的设计灵感源于江南地区小朋友经常玩的“夹弹子”游戏。游戏规则是，将糯米、花生、红枣、莲心、白扁豆、红豆、桂圆、杏仁八种谷物装于一大碗内，每组两名参赛选手，用中式竹筷将碗内谷物一一夹出，每种食材各取八颗，率先完成者获胜。这个游戏难倒了不少孩子。如何使用竹筷夹取谷物，每种谷物名称叫什么，如何准确地数数，都来不得半点马虎。通过这个游戏，孩子们不仅比拼了中华传统用筷的技艺，还了解了腊八粥的食材、腊八的节俗等知识。

年青一代对传统节日通常有浓厚的兴趣，应当将腊八节的受众定位从中老年群体覆盖到青少年群体，鼓励青少年积极参与到腊八节中。但年青一代对中国传统节日文化知之甚少，民俗文化传承有隔代甚至断代的危机。鉴于此，学校教育应当合理推动和引导，借助自身优势积极与社会组织开展合作，让学生了解和参与到腊八节等传统节日活动中，使学校成为民俗文化教育和非物质文化遗产传承的重要场所。

2.“品粥大师”赛

2011年腊八节，长宁民俗文化中心举办“尝遍风味美粥·分享民俗腊八”腊八节民俗体验活动。继“八谷淘宝”游戏后，再次以原创互娱游戏“品粥大师”吸引年轻人参与。腊八粥的食材，常见的有大米、糯米、赤豆、扁豆、黄豆、红豆、蚕豆、黑豆、土豆，此外还有花生、莲子、白果、豆腐、麦面、芋头、木耳、红枣、素豆饼等。全国各地，几乎每个省市的人都有腊八节煮腊八粥的风俗，各地所使用的食材和腊八粥的风味也不尽相同，制作方式可谓五花八门、各显神通。东南部省份擅制以谷物、枣类为主的甜粥，而甘肃、青海等西部省份则加入肉类作为主要食材以制出咸味的腊八粥。一向素有“精致生活”美誉的上海人，蒙着双眼，端起一碗来自异地他乡的风味腊八粥，能品尝出多少种食材呢？这样的体验颇有“海纳百川、包罗万象”的上海情怀！为了准备八锅风格迥异的腊八粥，我们也是煞费苦心，有几种组织方式。例如把任务下派到村居委会，由他们发动和招募厨房小能手跑遍菜市场、超市，采购最地道的食材，每人连夜熬制一大锅代表地域风味的腊八粥。或者把煮粥的任务派给各个企业，由企业中的外地员工制作家乡风味的腊八粥。腊八节当日进行“品粥大师”的比赛活动，获胜率比较高的是平时在家掌厨的太太、阿姨、大妈，几十年练就的对食物的熟悉感使其更有经验，更容易取胜。但是也不能小看年轻的“吃货”们，他们味觉的敏感终于在比赛中派上用场，而且对饮食文化的了解也是获胜的基础。虽

小朋友踊跃参与

然戴着眼罩看不到碗里的粥，但一种种食材的名字却有模有样、掷地有声、丝毫不差地从他们口中报出来。分享娱乐之余，这些活动使得现代人爱上传统的节日，对节俗知识有了了解，助力和谐家庭建设，加深了社区居民间的互动友谊。

“八谷淘宝”和“品粥大师”不仅吸引了家庭中各角色积极参与，而且在游戏中传递了腊八节节俗文化。这种汇聚了各地风格的腊八粥制作食材和技艺及将之一次性呈现在市民面前的做法，让民众备感风趣，就连外国友人也慕名而来。他们纷纷拿起筷子跃跃欲试，打算与从小就熟练使用筷子的中国人在夹豆子的小游戏中一较高下，引得欢声笑语不断。比赛之余，不同肤色、不同民族、不同国籍、不同地域的人们友好地聚在一起，共度中国传统节日腊八节、共品腊八粥，这为节日本身增加了几分多元化的节日氛围。

（三）联动社区资源，提升活动体验

长宁民俗文化中心的腊八节，充分调动社区内的资源，提升活动的体验。例如，当天派发的腊八粥量很大，开始时我们要联系学校食堂及其他单位从很远的地方运粥

为市民派粥

过来，后来民俗中心附近的餐饮小企业感到这是回报社区居民的好机会，主动承担了为老百姓熬制腊八粥的任务。这样既能保证有大锅可以熬制安全、卫生、口味正宗的腊八粥，又能确保腊八粥的热度。现场派发腊八粥的人，大多为志愿者，他们常常穿各式服装，装扮成送吉祥、送祝福的传统角色，让大家觉得有色彩、有热情。而民众自己领到的不仅仅是腊八粥，更是一份美好的祝福。长宁民俗文化中心的派粥活动从2006年开始。现在，随着传统节俗的复兴以及作为一种民俗的民间信仰的界定逐步清晰化，各寺庙也纷纷兴起了在腊八节赠粥的活动。单纯的腊八粥派发已经失去特色，民俗中心增添了原创节俗活动，积极调动社区群众参与。如“品粥大师”中各式各样的腊八粥，都是社区热心阿姨们按照配方熬制的。这些活动的开展，使民俗中心的腊八节活动形成了崭新的社区节俗特色。

附：

近年来长宁民俗文化中心腊八节活动主题及主旨

时间	主题
2008年1月14日	腊八敬老民俗活动

简要回顾

第一次腊八活动，组织了北新泾二小、三小的学生，并在大厅里做了腊八风俗的展览，小朋友和参加活动的居民都端着腊八粥来看展览，现场效果特别好。由于经验不足，到了腊八这天，民俗中心早早地在院子里支起一个炉子，很快炉子周围排起了长长的队伍，等待发放腊八粥的人群居然等了两个小时，很多小青年看见排队的多为老年人，也就逐渐演变为敬老的活动和节日。年轻人也主动协助年长者，把腊八作为传统美德的体验日。喝粥、听戏、看展览是这年腊八节庆活动亮点之一。

时间

2009年1月2日

主题

腊八节活动暨中国民族乐器展

简要回顾

品粥擂台赛是当年的亮点。为了吸引年轻人参与，通过各地风味腊八粥擂台赛，让来上海工作的人参与到腊八活动中，使人们可以品尝到不同地方的特色腊八粥，促进各地民众对传统民俗节日的认识和交流。另外，这年刚好赶上上海民乐厂乐器展览巡展到民俗中心，也为传统节日增添了亮点。

乐器——鼓

耐心讲解

时间

2010年1月22日

主题

人入虎年鼓虎劲 雪舞丰年腊八情

简要回顾

开展“迎世博，腊八风俗现老街”活动，通过老街情景表演再现传统腊八风俗。这一年，当人们得知民俗中心又有腊八活动时，周边的幼儿园、学校都蜂拥而至。民俗中心还邀请了地铁站工作人员一同参与腊八活动，让腊八活动参与者的年龄明显年轻化，也更有助于吸引老年人参与，让他们感到这是一个快乐而富有生机的节日。

小朋友边喝粥边学习节俗

边讲解边演示

敬长巴士

时间

2011年1月8日

主题

尝遍风味美粥 分享民俗腊八

简要回顾

这一年“腊八物语”（讲腊八故事）和“敬长巴士”成为活动亮点。所谓“巴士”实际上只是“黄包车”，老年人见过但多年没乘过了，年轻人则没乘过更不知道怎么拉，所以现场拉车乘车不亦乐乎，使得这个敬老节也更加名副其实。

↑↓民俗中心敬老活动

时间

2013年1月19日

主题

腊月风和·粥香情浓

简要回顾

这一年第一次使用这个节日标题，一下子就火了。因为多年来腊八活动实际上就一直以情暖人间为目标。这一年的活动虽然内容创新不多，但所有活动都受到了媒体关注。从此这个标题也成为民俗中心腊八节庆的固定品牌。

↑ 白领参加“品粥大师”赛

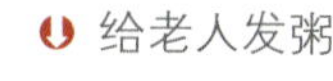
↓ 给老人发粥

时间

2014年1月8日

主题

“腊月风和·粥香情浓”2014长宁企事业白领腊八活动

简要回顾

这天地铁站服务人员和在民俗中心附近上班的白领，以及社区里的年轻人带着父母来到民俗中心，参加品粥猜粥比赛和敬老及为老人拉“黄鱼车”等活动，在游戏中度过了传统风味浓郁的腊八节。

时间

2015年1月27日

主题

“腊月风和·粥香情浓”腊八节俗活动

简要回顾

与社区党员服务中心联手，流动党员为上海居民举办腊八节主题活动。来自全国各地的党员通过讲述故事，让参加活动的市民了解了各地有差异的腊八风俗，知道了各地腊八粥不同的地域风格，弘扬了互帮互助的优良民族传统，体现了“海纳百川”的上海城市精神，充分体现党员同志在城市和谐建设过程中所起到的作用。巧的是一辆旅游大巴路过看到很热闹，一群意大利朋友也来喝粥了！

↑ 部分意大利朋友在翻译的帮助下参加“品粥大师”赛

↓ 与社区党员服务中心联手，为上海居民举办腊八节主题活动

时间

2016年1月8日和17日

主题

“腊月风和·粥香情浓”2016“我们的节日”腊八节俗进校园活动

简要回顾

以“我们的节日”为主题举办腊八节俗进校园活动，让幼儿园的小朋友了解了腊八风俗，知道了腊八粥的来历，弘扬了互帮互助的优良民族精神。着力营造文明、和谐、幸福的节日氛围，1月17日“品粥大师”赛和“八谷淘宝”赛赛出了水平和热情。

小朋友讲腊八

时间

2017年1月5日

主题

“腊月风和·粥香情浓”2017“我们的节日”腊八节俗体验活动

简要回顾

早在2016年12月20日前，民俗中心就开始了腊八节的准备和活动的预约，节日来临之时虽然工作繁重，但各部门配合有条不紊，门口的腊八大锅像往年一样沸腾。不过已经有周边的餐饮企业加盟到腊八活动之中了，他们以更专业的手法熬制腊八粥并分发给百姓，大家喝着热气腾腾的腊八粥，聚集一堂，聊着腊八风俗，其乐融融。

小朋友体验腊八

时间

2018年1月24日

主题

"腊月风和·粥香情浓"腊八进校园体验活动

简要回顾

这一年民俗中心升级改造，闭馆装修，所以节俗活动改在了北二小学。虽然不能像往常一样面向所有市民，但全校近600名学生和部分家长参加了活动，小学生在民俗中心老师的指导下讲腊八故事，表演文艺节目，进行激烈的"品粥大师"赛和"八谷淘宝"赛。此外，还举办了精彩的腊八风俗展览。

粥香情浓”
2018校园腊八节庆活动
品粥大师
品粥大师

文化中心
品粥大师

我们的节日
“腊月风和·粥香情浓”
2018校园腊八节庆活动

后记

编这本书就好似我的一份作业，必须完成，虽然错误百出，自己很不满意，但到了该交作业的时间也必须交出来了。把作业写出来是为过去的14年做个小结，同时也给未来留下参考经验。

必须做这份作业的理由很多：有作为一名文化馆馆长的责任，也有出于领导的工作要求和民俗学学者的研究要求。华东师范大学民俗学研究所的教授、研究生们，也共同参与了节日风俗研究的编纂。此外，同我一起做这份作业的还有很多人，编委会里长长的名单便是证明，每个人的作业本都将被一起收上来。我们是同窗，也是同事，大家边学边干，一同探索着努力完成这项事业。

这份作业是个开放式的题目。早在2004年，长宁民俗文化中心的全体员工就已经开始探求了。这本书的编撰是从2018年6月开始的，但一直拖拖拉拉、不急不慌，因为每年按照时令节日，民俗中心节庆活动从未间断。2020年初，突如其来的新型冠状病毒肺炎疫情，让始终忙碌的长宁民俗文化中心，多年来第一次安静下来。在做支援社区"抗疫志愿者"间隙宅家的这段时间里，把这本书快速编辑完成。

上海这个国际化大都市的发展过程与中国其他城市的发展轨迹有所不同，可以说上海是全中国最大的移民城市，在世界上也排在前列。城区开埠百年，多地域多民族甚至多国家的人聚集在此，更加强了民俗活动的融合性，城区的节日风俗就是在全世界多样的人文环境、经济环境、生活环境、语言环境融合过程中形成的，而且随着社会急剧变化着。诸多外部环境条件使得本就乐于接受新事物的上海人在节日风俗上不断吐故纳新；陆续融入上海的外民族外地域，其风俗习惯与上海本地风俗相互渗透。很多风俗根本讲不清是哪个地区的"原创"，一些现在很"流行"的节俗也难以追根溯源。这个发展过程是各地风俗相互学习、彼此借鉴、相互补充、适者留用的过程，所以在上海都市民俗发展的过程中，各地节庆民俗的影响相互交叉、融合，多向互通。虽然如此，我们仍然认为上海都市节日风俗有着自身的特殊性。

早在2004年，长宁民俗文化中心在时任长宁区委书记、政协主席陈建兴，长宁区人大常委会主任刘雅琴等领导的支持下，长宁区文化局党委书记兼局长胡以申等同志直接领导下，时任长宁区新泾文化馆书记兼馆长的徐剑清同志具体落实，率先开始了以民俗文化普及为文化馆特色的探索，提出要开展民俗特色群众文化活动，在表现形式上“乡要乡到底，土要土到根”，民俗节庆活动由此启动。2004年12月，上海市长宁区新泾文化馆正式更名为上海市长宁民俗文化中心，开启了上海市第一家以民俗为主题的文化馆崭新的一页。从此，民俗中心以“弘扬民俗文化，传承民间技艺”为宗旨，在每年轮回的传统节日里，发动群众，组织群众，在继承传统节俗的同时，通过一点一滴的“微创新、精改进”，使每一个精心策划的民俗节庆传统活动越来越适合在现代化都市社区开展，成为有特色的、适合普及推广的群众性文化活动。

2008年起，长宁民俗文化中心又开始探索都市民俗节庆风俗的理论研究，在田兆元教授、仲富兰教授、陈勤建教授的指导下，同华东师范大学民俗学研究所的研究生们一起，共同研究探索上海都市节日风俗的前世今生。在华东师范大学、长宁区图书馆等民俗书籍中汲取墨汁，书写最原生态的节日风俗。在这个过程中，华东师范大学田兆元教授带领他的研究生团队做了大量的研究工作，并且对上海市长宁民俗文化中心的都市民俗节庆活动进行整理，另外形成了华东师范大学民俗研究所的调研课题。我们研究参考了仲富兰教授的《上海民俗——民俗文化视野下的上海日常生活》、蔡丰明教授的《上海都市民俗》等书籍，从中提炼出上海节日风俗的前世今生。在编撰过程中，特别感谢华东师范大学广播电视台董老师和华东师范大学新闻系研究生张海岚等师生，在2016年全年跟随长宁民俗文化中心每一场节俗活动，拍摄了春节、元宵、上巳、端午、七夕、中秋、腊八全年的群众文化活动过程，并为此留下了宝贵的影像资料，也为2019年拍摄都市民俗纪录片打下了基础。

本书的照片来源：除书画作品作者署名和个别已经注明的图片外，其余图片取自上海市长宁民俗文化中心举办的相关节庆群众文化活动、上海长宁文化艺术中心正高级研究馆员徐伟平、上海市《新民晚报》记者杨建政、上海市长宁民俗文化中心非遗保护工作办公室主任朱彦及佚名作者，在此深表谢忱。

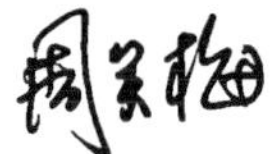

2020年2月29日于长宁民俗文化中心